中等职业教育国际商务专业**项目驱动型**教改教材

港口与航线

主　编　于承锦

副主编　张　珉

参　编　于晓丽　王育京

机械工业出版社

本书以国际货物运输中常用的“线路”和“节点”为线索，重点介绍了国际货物运输中常用的各种运输方式、运输线路、重要运输枢纽和国际贸易中的主要国家。书中强调应知应会的知识和技能，突出业务操作上的实用性，不耽于学科性理论的阐释，具有“理论够用、操作性强、案例真实、通俗易懂”等特点。

本书可作为中等职业学校国际商务、国际物流和物流管理等专业的教学用书，也可作为国际商务和物流等企业一线操作人员的培训教材。

图书在版编目（CIP）数据

港口与航线/于承锦主编．—北京：机械工业出版社，2010.2（2018.2 重印）
中等职业教育国际商务专业项目驱动型教改教材
ISBN 978-7-111-28765-0

Ⅰ．①港…　Ⅱ．①于…　Ⅲ．①港口—简介—世界—专业学校—教材
②航海航线—简介—世界—专业学校—教材　Ⅳ．①U659 ②U697.3

中国版本图书馆 CIP 数据核字（2010）第 024066 号

策划编辑：徐永杰　　　责任编辑：高　峰
封面设计：鞠　杨　　　责任印制：孙　炜

保定市中画美凯印刷有限公司印刷

2018 年 2 月第 1 版第 5 次印刷
184mm×260mm・10.5 印张・222 千字
8 501—9 500 册
标准书号：ISBN 978-7-111-28765-0
定价：26.00 元

凡购本书，如有缺页、倒页、脱页，由本社发行部调换

电话服务
服务咨询热线：010-88379833
读者购书热线：010-88379649

网络服务
机 工 官 网：www. cmpbook. com
机 工 官 博：weibo. com/cmp1952
教育服务网：www. cmpedu. com
金 书 网：www. golden-book. com

前　言

国际贸易地理是国际商务、国际物流和国际运输专业的必修课，也是从事国际贸易和国际物流工作的人应具备的基本知识。为了满足当前中等职业学校国际商务和国际物流专业教学的需要和相关企业实际工作的需求，编者结合自身20多年的教学经验编写了本书。

本书没有按照传统的国际贸易地理教科书的脉络来编写，而是以国际货物运输中常用的“线”和“点”为线索，选取国际货物运输中常用的运输方式、主要的运输线路和运输通道、国内外重要的运输枢纽、国际贸易和国际货运市场中主要的国家和地区以及相关的必要知识为主要内容，并根据教育部国际商务专业指导性教学大纲的指导思想定名为《港口与航线》。

本书主要服务于中等职业学校国际商务、国际物流和物流管理等专业的学科教学，以及国际商务和物流等企业一线操作人员的培训工作，在编写上本着“来源于实践、服务于实践、学生好学、教师好用”的原则，突出“理论够用、操作性强、案例真实、通俗易懂”的特点。全书以知识模块为基本构架，设置了“学习目标”、“学习导入”、“议一议”、“想一想”、“练一练”和“知识链接”等多种互动环节，引导学生自主学习；设置了“教学准备”、“建议课时”、“课外活动建议”和“商务模拟实训”等教学建议性项目，方便教师进行授课准备；每个模块后配有综合练习，以便教师及时检查和评价学生的学习情况，以及学生及时消化并巩固所学知识，以提高分析问题和解决问题的能力。在编写方式上，本书尽量减少讲述性文字，大量采用图表、图片和剪贴画等，使版面活泼，提高趣味性和可读性。

本书的编写者均来自教学一线，有多年的教学经验和企业运作经验。本书由于承锦担任主编，张珉担任副主编，具体分工为：于承锦编写第一单元的模块一～三，张珉编写第一单元的模块四、模块六，于晓丽编写第一单元的模块五（部分）和第二单元的模块八（部分）、模块九、模块十以及附录，王育京编写第一单元的模块五（部分）和第二单元的模块七、模块八（部分）。

由于编者所掌握的资料和学识水平所限，教材中难免有疏漏和不足之处，敬请广大读者提出宝贵意见。

编　者

目　录

1

第一单元　国际贸易主要运输方式与运输线路

模块一　国际货物运输概述

学习目标

1．理解并掌握国际货物运输的概念，了解国际货物运输的发展趋势。

2．掌握国际货物运输的特点和从事国际货物运输时的基本原则。

3．了解国际货物运输的基本构成要素。

4．熟练掌握国际货物运输的方式及其特点。

教学准备

1．《国际货物运输方式》PPT。

2．学时：1 课时。

学习导入

国际货物贸易能否顺利实现，有一个极其重要的环节就是运输。国际贸易中的运输与国内贸易中的运输有许多的不同。同学们，你们知道国际贸易中的货物运输有哪些方式、特点和线路吗？下面我们就来看看。

基础理论知识介绍

一、国际货物运输的概念

国际货物运输，是指货物在国家与国家、国家与地区之间的运输，通常也称为国际

贸易运输。如果从国家的角度来说，就是对外贸易运输，简称外贸运输。国际货物运输可分为贸易物资运输和非贸易物资（如展览品、个人行李、办公用品和援外物资等）运输两种，贸易物资运输是国际货物运输的主体。

国际货物运输既是国际货物贸易得以顺利开展的必要条件，也是极其重要的环节之一。进入 21 世纪以来，国际货物运输正向国际综合物流和信息化的方向发展。

二、国际货物运输的特点

1．政策性强

在进行国际货物运输的过程中，企业或个人需要经常同国外的客户打交道，会涉及涉外的法律、法规、习俗、宗教和国际关系等诸多问题。因此，在从事国际货物运输时，企业和个人要熟悉或了解国际贸易的法律、法规等有关政策。

2．线路长，环节多

国际货物运输是国家与国家、国家与地区之间的运输，一般运输距离较长。在运输过程中往往需要多次转换运输工具，甚至经由多个国家或地区，所涉及的环节要比国内运输多，因此应特别注意运输过程中各环节之间的衔接，以免出现脱节，造成损失。

3．涉及面广，情况复杂多变

在进行国际货物运输时要与不同国家或地区的货主、海关、商检、保险公司、银行和各种代理机构等诸多方面进行接触，涉及面相比国内货物运输较为广泛。同时，由于不同国家或地区的政治、法律、经济制度不同，政策、法令、规定不一，贸易习惯和经营方式也有较大差别，再加上国际货物运输本身就极易受到政治、经济和自然条件的影响，因此国际货物运输情况复杂多变。

4．时间性强

国际市场竞争十分激烈，商品价格瞬息万变，必须将进出口商品及时地送达目的地，否则就可能造成无可挽回的损失，特别是有些时令性较强的商品、鲜活易腐商品等对时效要求更高。由于国际货物运输对时间的要求极为严格，货物的装运期和交货期也就成为国际贸易合同的必备的重要条款之一。

5．风险大

正是由于国际货物运输线路长、环节多、涉及面广、情况复杂多变、时间性强等特点，再加上国际形势的变化、社会的动荡、各种自然灾害、意外事故的发生以及战争、封锁禁运或海盗活动等会对国际货物运输带来直接或间接的影响，因而国际货物运输的风险相比于国内货物运输也就较大。为了转嫁运输风险、降低损失，在开展国际货物运输时，都要对各种进出口货物和运输工具办理运输保险。

由于国际货物运输在国际贸易中起到非常重要的作用，在从事国际货物运输时就必须遵循“安全、迅速、准确和节省”的基本原则。

三、国际货物运输的基本构成要素

国际货物运输由三个构成要素组成：国际货物运输的关系方、国际货物运输工具和国际货物运输方式。其中国际货物运输的关系方包括承运人、货主和运输代理。

四、国际货物运输的方式

按照运输工具和运输通道的不同划分，国际货物运输的方式主要有以下几种。

1. 水上运输

运输工具为船舶。水上运输具有通过能力大、运输量大、运费低廉和对货物的适应性强等持点，但其运输速度较慢、受天气条件的影响和季节变化的制约较大、运输风险较大，多用于大宗或笨重货物的运输。根据运输通道的不同，水上运输可划分为内河运输和海洋运输。其中海洋运输的货运量可以占国际货运总量的80%以上，若按货物周转量计算，甚至可达到90%以上。

2. 铁路运输

运输工具为火车。铁路运输具有运输速度快、运输量大、安全可靠、运输成本较低、运输的准确性和连续性强且受天气影响较小等特点。它比较适合煤炭、钢铁等大宗散装货物的运输。铁路运输是一国内陆运输及内陆邻国之间贸易运输的主要运输方式，在国际货物运输中仅次于海运，位居第二位。

3. 航空运输

运输工具为飞机。航空运输具有速度快、安全准确、手续简便、节省包装和保险利息储存费用等特点，但其运输量小、运价高，并且受气候条件影响较大。航空运输主要用于批量小、对时间要求严格、贵重货物的运输，如鲜花、邮件、精密仪器和样品等。

4. 公路运输

运输工具为汽车或拖车。公路运输具有机动灵活、简捷方便、应急性强、适应集装箱货运、可以实现“门到门”运输等特点，但其载量小、运行中震动大易造成货损事故、运输成本高。20 世纪 50 年代以来，随着汽车技术水平的提高和公路交通运输网的大规模建设，公路运输发展迅速。20 世纪 70 年代以后，西方发达国家公路运输就已取代铁路运输成为内陆最主要的运输方式，无论是运输工具的拥有量还是所完成的货运量都跃居第一位。

5. 国际邮政运输

国际邮政运输是国际货物运输不可缺少的方式之一。国际邮政运输具有国际多式联运和“门到门”运输的性质。国际邮政运输对邮件的质量和体积均有限制，如每件包裹质量不得超过20 公斤，长度不超过 1 米，所以邮政运输只适合于质量轻、体积小的商品，如精密仪器、机器零件、金银首饰、药品以及各种样品和零星物品等。

议一议

国际货物运输中的“门到门”运输的含义。

国际邮政运输的主要任务是通过国际邮件的传递，沟通和加强各国人民之间的联系，促进相互间的政治、经济和文化交流。因此，这种运输方式与其他货物运输在业务性质上存在较大差别。

6．管道运输

运输工具为管道。管道运输具有运输量大、运送速度快、成本低、安全性高的特点。它始于 19 世纪 60 年代，是随着石油生产的发展而出现的一种特殊的运输方式。发展到现在它已不仅仅可以运输原油、各种石油制品、化学品、天然气等液体和气体，而且还可以运输矿砂、煤炭等固体颗粒物质。目前，全世界各种运输管道的干线运输总长度已达到 2.3×10^6 公里。

模块小结

本模块是国际货物运输的概述部分，主要介绍了国际货物运输的概念、特点、基本构成要素以及运输方式。本模块的目的是使学生对国际货物运输的情况有一个概括的了解，为后面的学习打下基础。

课外活动建议

1．邀请国际货物运输的行业人士座谈国际货物运输行业的从业要求和职业规范。

2．参观当地的国际货物运输公司、货运机场、货运车站或港口、海关监管库、免税库、海关、商检等机构；了解货物运输相关设施、设备和程序等，对与国际货物运输相关的部门有初步的感性认识。

3．调研本地外贸货物运输的主要方式和特点。

综合练习

一、填空题

1．国际货物运输，是指货物在____________、____________之间的运输，通常称为____________运输。如果从国家的角度来说，就是____________运输，简称____________。

2．国际货物运输可分为____________运输和____________（如展览品、个人行李、办公用品和援外物资等）运输两种，____________运输是国际货物运输的主体。

3．国际货物运输的特点是：____________、____________、____________、____________和____________。我们在从事国际货物运输时就必须遵循“____________、____________、____________和____________”的基本原则。

4．进入 21 世纪以来，国际货物运输正向____________和____________的方向发展。

5．国际货物运输是由____________、____________和____________三个方面构成的。

二、简答题

1．列表分析国际货物运输的主要运输方式及其特点。

2．根据调研结果，分析本地区外贸货物进出的主要通道。

模块二　国际铁路运输

学习目标

1. 理解国际铁路联运的概念，掌握运输形式。

2. 能清楚地知道我国内地对港澳地区铁路联运的渠道和方式。

3. 能熟记我国主要的铁路运输口岸名称，能够在地图上熟练查找各口岸的位置，了解其作用。

4. 能够熟练地在地图上查找出主要国际铁路运输线路的地理位置，掌握其连接的主要区域。

教学准备

1.《世界地图册》。

2. 国际铁路运输的有关单据样本。

3.《国际铁路运输》PPT。

4. 学时：3 学时。

学习导入

北京地区某公司向俄罗斯新西伯利亚的一家客户出口一批皮鞋辅料，计划采用铁路运输的方式进行运输，并通过北京外运公司陆运部办理国际铁路联运的相关手续。你们知道什么是国际铁路货物联运吗？

基础理论知识介绍

一、国际铁路货物联运的概念

国际铁路货物联运是指在两个或两个以上国家之间进行的铁路货物运输，只需在始发站办理托运手续，使用一份统一的国际铁路联运票据，由一国铁路向另一国铁路移交货物时，无需收、发货人参加，铁路部门对全程运输负连带责任的运输组织形式。

国际铁路货物联运既适合于参加《国际铁路货物联运协定》（以下简称《国际货协》）国家之间的铁路货物运送，发货人只需在发货站办理铁路托运，使用一张运单，即可进行货物的全程运输，也适合于同未参加《国际货协》国家间的顺向或反向铁路货物运输，只需在转换的最后一个或第一个参加国的过境站改换适当的联运票据即可。在我国国内凡可办理铁路货运的车站均可接受国际铁路联运业务。

知识链接

国际铁路货物联运协定

《国际货协》规定了货物运送组织、运送条件、运送费用计算核收办法、运输合同地界，运输合同的履行和变更，铁路的责任，发货人、收货人的权利与义务等事项。这是参加国际铁路货物联运协定的各国铁路和发货人、收货人在办理铁路货物联运时都必须遵守的基本文件，对铁路和收、发货人都具有约束力。我国于1954年1月参加该协定。目前参加的成员国有欧洲、亚洲和非洲的共33个国家。

国际铁路货物联运的最大特点是不受集装箱的限制，可以承运各种货物，尤其是散杂货，如建材、钢材、水泥、煤炭和大型机械等。办理的种别有：整车运输、零担运输和大吨位集装箱运输。

知识链接

整车运输、零担运输和大吨位集装箱运输的概念

整车运输是指按一份运单托运的，按其体积或种类需要单独车辆运送货物的运输。

零担运输是指按一份运单托运的一批货物，质量不超过5 000公斤，按其体积或种类不需要单独车辆运送货物的运输。

大吨位集装箱运输是指按一份运单托运的，用大吨位集装箱运送的货物或空的大吨位集装箱。

进行国际铁路货物联运时要注意铁路轨距问题。轨矩是铁路两轨内侧的直线距离。目前世界各国采用的铁路轨距并不相同，大致可以划分为：标准轨（1 435毫米）、宽轨（1 520毫米）和窄轨（1 067毫米和1 000毫米），其中标准轨应用最广。我国大部分地区采用标准轨，但台湾和海南省的铁路为窄轨铁路。与我国接壤的俄罗斯、蒙古均为宽轨铁路，越南多为窄轨铁路。在联运过程中遇到轨距不同时，一般采用货物换装或更换列车轮对的方式。

二、主要国际铁路运输线

（一）西伯利亚大铁路（见图2-1）

西伯利亚大铁路东起俄罗斯远东地区日本海之滨的符拉迪沃斯托克（海参崴），经伯力、赤塔、伊尔库茨克、新西伯利亚、鄂木斯克、车里雅宾斯克、古比雪夫，止于莫斯科，全长9 300多公里，其东端又延伸到东方港和纳霍德卡港。该线是亚洲东部国家和港口与欧洲各国及西亚铁路网连接的运输主干线。

1．其东段连接的干线

（1）符拉迪沃斯托克（海参崴）—清津港—咸兴—平壤铁路。

（2）赤塔—哈尔滨—长春—沈阳—大连铁路。

（3）乌兰乌德—乌兰巴托—大同—北京—郑州—武汉—长沙—广州铁路。

2．其西端连接的干线

（1）莫斯科—列宁格勒—赫尔辛基—斯德哥尔摩—奥斯陆铁路。

（2）莫斯科—华沙—柏林—科隆—布鲁塞尔—巴黎铁路。

（3）莫斯科—罗斯托夫—第比利斯—卓勒法—德黑兰铁路。

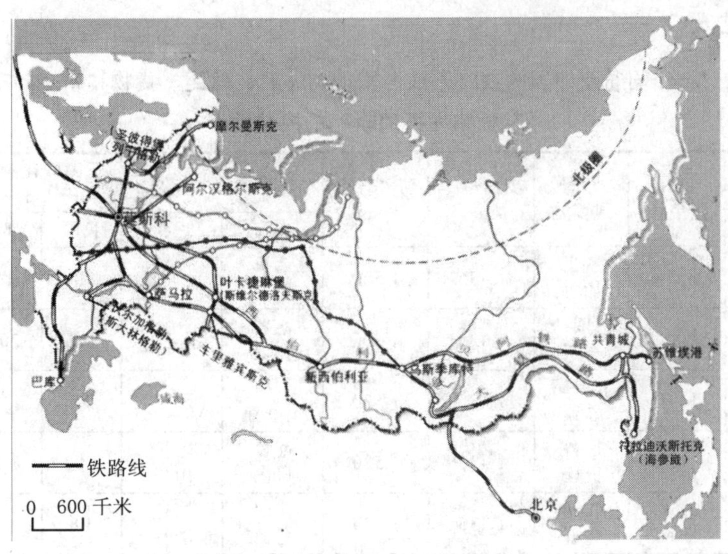

图 2-1　西伯利亚大铁路

（二）加拿大东西两洋铁路网

1．鲁珀特港—埃德蒙顿—温尼伯—魁北克线。

2．温哥华—卡尔加里—温尼伯—桑德贝—蒙特利尔—圣约翰—哈利法克斯线。

（三）美国横贯大陆铁路网

1．北太平洋铁路：西雅图—斯波坎—俾斯麦—圣保罗—芝加哥—底特律线。

2．联合太平洋铁路：旧金山—盐湖城—奥马哈—芝加哥—匹兹堡—费城—纽约线。

3．圣菲铁路：洛杉矶—堪萨斯城—圣路易斯—辛辛那提—华盛顿—巴尔的摩线。

4．南太平洋铁路：洛杉矶—图森—艾尔帕索—休斯敦—新奥尔良线。

（四）巴格达—巴尔干铁路

巴格达铁路是中东连接欧洲的便捷运输线，该线东起伊拉克的巴士拉，向西经巴格达、摩苏尔、叙利亚的穆斯林米亚、土耳其的阿达纳、科尼亚、埃斯基色希尔至博斯普鲁斯海峡东岸的于斯屈达尔，至博斯普鲁斯海峡西岸的伊斯坦布尔后，向西经索非亚、贝尔格莱德、布达佩斯至维也纳，然后西接中、西欧铁路网。

三、我国通往邻国的铁路口岸

口岸是由国家指定的从事对外经贸、政治、外交、科技、文化、旅游和移民等往来，并供往来人员、货物和交通工具出入国（边）境的港口、机场、车站和通道。简单地说，口岸是国家指定的对外往来的门户。铁路口岸就是由国家指定的进行对外往来的铁路车站。不同轨距的国际铁路一般在口岸进行货物的换装或更换列车轮对的业务。我国用于国际铁路货物联运的口岸有：满洲里、绥芬河、二连浩特、丹东、图们、集安、凭祥、山腰和阿拉山口。目前，我国对俄罗斯远东地区的国际铁路货物联运多利用绥芬河口岸；东北三省运往俄罗斯中西部以及运往欧洲的货物多走满洲里口岸；由我国内陆各省市、自治区运往俄罗斯中西部以及运往欧洲的货物多走阿拉山口和二连浩特口岸（见表 2-1）。

表 2-1　我国通往邻国的铁路干线、国境站站名、轨距、货物和车辆的交接及货物在不同轨距的换装地点

我国与邻国	我国铁路干线	我国国境站	邻国国境站	我国轨距/mm	邻国轨距/mm	交接、换装地点		至国境线距离/km		附　　录
						出口	进口	我国	邻国	
中俄间	滨洲线	满洲里	后贝加尔	1 435	1 520	后贝加尔	满洲里	9.8	1.3	中俄③、中蒙铁路轨距不同，货物需要换装。油罐车在蒙铁扎门乌德站换装。中朝铁路轨距相同，货车可以直接过轨
	滨绥线	绥芬河	格罗迭科沃	1 435	1 520	格罗迭科沃	绥芬河	5.9	20.6	
	珲马线	珲春	卡梅绍娃亚	1 435	1 520	卡梅绍娃亚	珲春	17		
中哈间	北疆铁路	阿拉山口	德鲁日巴	1 435	1 520	德鲁日巴	阿拉山口	4.02	8.13	
中蒙间	集二线	二连浩特	扎门乌德	1 435	1 524	扎门乌德	二连浩特	4.8	4.5	
中朝间	沈丹线	丹东	新义州	1 435	1 435	新义州	丹东	1.4	1.7	
	长图线	图们	南阳	1 435	1 435	南阳	图们	7.3	3.8	
	梅集线	集安	满浦	1 435	1 435	满浦	集安	2.1	1.3	
中越间	湘桂线	凭祥	同登	1 435	1 435/1 000①	同登	凭祥	13.2	4.6	
	昆河线	山腰	老街	1 000	1 000②	老街	山腰	6.5	4.2	

注：1. 本表摘录：许明月，叶梅. 国际陆空货物运输[M]. 北京：对外经济贸易大学出版社，2003。

① 越南铁路连接我国铁路凭祥一段线路，为准轨和窄轨的混合轨，我国铁路同越南铁路间经由凭祥的联运货车可以相互过轨。

② 我国昆明铁路局的昆河线为窄轨铁路。

③ 俄罗斯与蒙古的铁路轨距相差 4 毫米，货车可以直接过轨。

四、我国内地对港澳地区的铁路运输

我国内地对港澳地区铁路运输属于国内运输，但又与一般的国内运输不同。

内地对香港运输分成大陆段和港九段，称为“两票运输，租车过轨”。即出口单位将货物送到深圳北站，收货人是深圳外贸运输公司，这部分运输属于国内运输，也叫“大陆段”运输。然后，再由深圳外贸运输公司作为发货人的代理，在口岸与铁路办理货物运输票据的交接，并向铁路部门租车，交付租车费，并办理出口报关手续，经联合检验部门查验放行后，过轨至香港九龙站。货车过轨后，由深圳外贸运输公司分公司在香港的代理——香港中国旅行社货运有限公司，向香港九广铁路公司重新起票办理港段铁路运输。最后香港中国旅行社货运有限公司交给香港或九龙的实际收货人。

议一议

用流程图表示“两票运输，租车过轨”的运输程序。

内地运往澳门的货物只能在广州中转。内地出口单位将货物发往广州南站，收货人是广东省外运公司，再由广东省外运公司办理水运中转至澳门。货到澳门由南光集团运输部接货报关并交付实际收货人。

模块小结

铁路运输是陆路运输中最主要的运输方式之一，主要承担大宗货物长途运输的任务。在国际铁路货运中目前主要采用国际铁路货物联运和大陆桥运输两种方式。国际铁路干线主要集中于欧亚大陆和北美大陆。本模块着重介绍了国际铁路联运的基本知识、特点和主要运输干线的布局，特别介绍了我国内地对港澳地区的联运方式和特点。

商务模拟实训

练习填写铁路联运票据中有关“发站”、“国境站”、“到达路和到站”的填写。

课外活动建议

1．结合本模块内容，组织学生进行快速查图练习。

2．组织学生到当地的货运代理公司或铁路运输部门，调研本地区采用国际铁路运输的情况。

3．练习查阅列车时刻表。

综合练习

一、填空题

1．国际铁路联运既适合于参加__________国家之间的铁路货物运送，发货人只需在__________办理__________，使用一张__________，即可进行货物的全程运输，也适合于同未参加__________国家间的顺向或反向铁路货物运输，只需在转换的__________或__________参加国的__________改换适当的__________即可。在我国国内凡可办理__________的车站均可接受国际铁路联运业务。

2．国际铁路货物联运的最大特点是不受__________的限制，可以承运各种货物，尤其是__________。办理的种别有：__________、__________和__________运输。

3．轨矩是铁路两轨__________距离，目前世界各国采用的铁路轨距并不相同，大致可以划分为：__________（1 435毫米）、__________（1 520毫米）和__________（1 067毫米和1 000毫米），其中__________应用最广。在联运过程中遇到轨距不同时，一般采用__________或__________的方式。

4．铁路口岸就是由__________指定的进行__________的铁路车站。目前，我国对俄罗斯远东地区的国际铁路货物联运多利用__________口岸；东北三省运往俄罗斯中西部以及运往欧洲的货物多走__________口岸；由我国内陆各省市、自治区运往俄罗斯中西部以及运往欧洲的货物多走__________和__________口岸。

二、多项选择题

1. 以下 ______ 是正确的。

   A. 国际铁路货物联运只需在始发站办理托运手续，使用一份统一的国际铁路联运票据即可

   B. 国际铁路联运只适合于参加《国际货协》国家之间的铁路货物运送

   C. 在我国国内凡可办理铁路货运的车站均可接受国际铁路联运业务

   D. 国际铁路货物联运的最大特点是只适合于集装箱运输

   E. 内地对香港运输分成大陆段和港九段，称为“两票运输，租车过轨”

2. 我国大部分地区铁路采用 ______ 轨，但台湾和海南省的铁路为 ______ 铁路。与我国接壤的俄罗斯、蒙古均为 ______ 铁路；越南多为 ______ 铁路。

   A. 标准轨　　B. 宽轨　　C. 窄轨

3. 东北三省运往俄罗斯中西部以及运往欧洲的货物多走 ______ 口岸。

   A. 二连浩特　　B. 绥芬河　　C. 图们

   D. 阿拉山口　　E. 满洲里　　F. 丹东

三、简答题

1. 什么是口岸？口岸的作用是什么？口岸有哪几类？
2. 用流程图简述内地对香港和澳门的运输方式。

模块三　国际航空运输

学习目标

1．熟练掌握国际航空区域的划分和区域内的国家，记住重点国家所在的区域。

2．了解时区和时间换算的基本知识，能够熟练使用《国际时间换算表》和互联网进行时间的换算。

3．了解国际和国内的主要航空线，会查阅航班表，会填写航班。

4．了解国内外主要的航空港，熟记国际重要空港的三字代码。

5．能熟练填写主要国家、城市、空港和航空公司的中英文名称和代码，了解航班号的含义，会查询航班号。

教学准备

1．《世界地图册》。

2．航班表。

3．《国际时间换算表》。

4．国家、城市、空港、航空公司代码表。

5．《航空运输》PPT。

6．学时：4 学时。

学习导入

小王是一名国际商务专业毕业的中专生，刚刚被一家国际空运代理公司聘用。上班的第一天经理给他介绍公司的部门和业务情况，并带他熟悉公司的环境。小王发现在业务部门的墙上贴着《世界地图》和《时区图》。小王很好奇，这不是地理课上用的东西吗，与货代业务有什么关系呢？本模块就详细介绍航空运输地理的有关知识及其在国际货物运输业务中的实际应用情况。

基础理论知识介绍

一、航空区划

出于保证国际航空运输的运营安全以及各国航空运输企业在技术规范、航行程序和操作规则上的一致性，国际航空运输协会（IATA）将世界划分为三个航空运输业务区，称为“国际航协交通会议区”（IATA traffic conference areas），以方便各国及地区航空运输企业之间的运输业务划分与合作，简称 TC1、TC2、TC3（见图 3-1）。

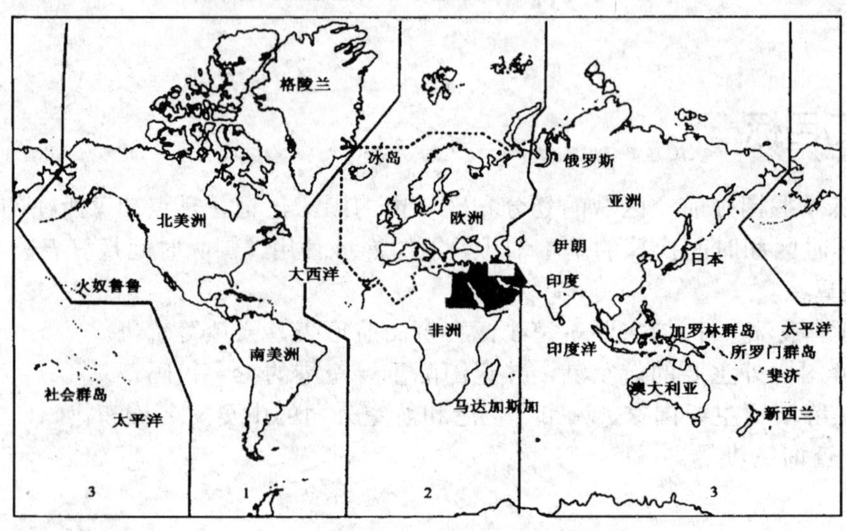

图 3-1　IATA 区域图

（一）TC1 区

TC1 区北起格陵兰岛，南至南极洲。包括全部南、北美洲大陆及其邻近的岛屿、格陵兰、百慕大、西印度群岛和加勒比海岛屿以及夏威夷群岛（含中途岛和巴尔米拉环礁）。本区又被细化分成四个次区：加勒比次区、墨西哥次区、远程次区和南美次区。

知识链接

“IATA”和“FIATA”

IATA 是国际航空运输协会（International Air Transport Association）的英文缩写，该协会简称国际航协，是世界上最大的由航空公司所组成的行业性民间组织，也是在国际航空运输方面影响最大的一个国际组织。目前有 280 多个会员。总部设在加拿大的蒙特利尔，执行总部位于瑞士日内瓦。

FIATA 是国际货物转运商协会联合会（International Federation of Freight Forwarders Associations）的英文缩写。该联合会是世界各国代理人协会及货运代理人的联合组织，成立于 1929 年。其成员不仅限于货物运输行业，而且包括与其相关的其他行业，如海关、飞机制造商及经纪业，货栈、地面运输业和混载业者等组成的国际航空运输的各个部分。

1．加勒比次区

（1）美国（除波多黎各和美属维尔京群岛之外）与巴哈马群岛、百慕大、加勒比群岛、圭亚那、苏里南和法属圭亚那之间的地区。

（2）加拿大/墨西哥与巴哈马群岛、百慕大、加勒比群岛（含波多黎各和美属维尔京群岛）、圭亚那、苏里南和法属圭亚那之间的地区。

（3）由巴哈马群岛、百慕大和加勒比群岛（含波多黎各和美属维尔京群岛）构成的区域。

（4）由（3）区域为一端与圭亚那、苏里南和法属圭亚那为另一端围成的区域。

加勒比次区包括的国家和地区有：安圭拉岛、安提瓜和巴布达、阿鲁巴、巴巴多斯、博奈尔、英属维尔京群岛、开曼群岛、古巴、库拉索、多米尼加、多米尼加共和国、格林纳达（卡里亚库岛、马斯蒂克岛、帕姆岛）、瓜德罗普、海地、牙买加、马提尼克、蒙塞拉特、圣基茨（尼维斯、安圭拉）、圣卢西亚、圣马丁、圣文森特和格林纳丁斯群岛、特立尼达和多巴哥、特克斯和凯科斯群岛。

2．墨西哥次区

加拿大/美国（除波多黎各和美属维尔京群岛）与墨西哥之间的地区。

3．远程次区

（1）以加拿大、美国和墨西哥为一端与中美洲和南美洲为另一端的地区。

（2）以巴哈马群岛、百慕大、加勒比群岛、圭亚那、苏里南和法属圭亚那为一端与中美洲和南美洲为另一端的地区。

（3）中美洲和南美洲之间的地区。

（4）中美洲区域内。

中美洲包括的国家：伯利兹、哥斯达黎加、萨尔瓦多、危地马拉、洪都拉斯和尼加拉瓜。

4．南美次区

包括的国家有：阿根廷、玻利维亚、巴西、智利、哥伦比亚、厄瓜多尔、法属圭亚那、圭亚那、巴拿马、巴拉圭、秘鲁、苏里南、乌拉圭和委内瑞拉。

（二）TC2 区

TC2 区包括全部欧洲（包括俄罗斯联邦欧洲部分）及其邻近的岛屿、冰岛、亚速尔群岛、全部非洲及其邻近的岛屿、阿松森岛和包括伊朗在内的亚洲西部地区。本区划分为欧洲次区、非洲次区和中东次区。

1．欧洲次区

阿尔巴尼亚、阿尔及利亚、安道尔、亚美尼亚、奥地利、阿塞拜疆、亚速尔群岛、比利时、白俄罗斯、保加利亚、加那利群岛、克罗地亚、捷克共和国、丹麦、爱沙尼亚、芬兰、法国、格鲁吉亚、德国、直布罗陀、希腊、匈牙利、冰岛、爱尔兰、意大利、拉脱维亚、列支敦士登、立陶宛、卢森堡、马其顿（前南斯拉夫共和国）、马德拉岛、马耳他、摩尔多瓦、摩纳哥、摩洛哥、荷兰、挪威、波兰、葡萄牙、罗马尼亚、俄罗斯联邦（乌拉尔西部地区）、圣马力诺、斯洛伐克共和国、斯洛文尼亚、西班牙、瑞典、瑞士、突尼斯、土耳其、乌克兰、英国和南斯拉夫。

2．非洲次区

（1）中非：马拉维、赞比亚和津巴布韦。

（2）东非：布隆迪、吉布提、厄立特里亚、埃塞俄比亚、肯尼亚、卢旺达、索马里、

坦桑尼亚和乌干达。

（3）印度洋岛屿：科摩罗、马达加斯加、毛里求斯、马约特岛、留尼汪岛和塞舌尔群岛。

（4）南非：博茨瓦纳、莱索托、莫桑比克、南非、纳米比亚、斯威士兰和乌姆塔塔。

（5）西非：安哥拉、贝宁、布基纳法索、喀麦隆、佛得角、中非共和国、乍得、刚果人民共和国、科特迪瓦、赤道几内亚、加蓬、冈比亚、加纳、几内亚、几内亚比绍、利比里亚、马里、毛里塔尼亚、尼日尔、尼日利亚、圣多美和普林西比、塞内加尔、塞拉利昂、多哥和扎伊尔。

（三）TC3 区

TC3 区包括伊朗以东的亚洲部分及其邻近的岛屿，东印度群岛、澳大利亚、新西兰及其邻近岛屿、除去属于 TC1 区之外的太平洋岛屿。本区包括南亚次大陆次区、东南亚次区、西南太平洋次区和日本/朝鲜半岛次区。

1. 南亚次大陆次区

阿富汗、孟加拉、不丹、印度（含安达曼群岛）、马尔代夫、尼泊尔、巴基斯坦和斯里兰卡。

2. 东南亚次区

文莱达鲁萨兰国、柬埔寨、中华人民共和国、关岛、香港特区、澳门特区、印度尼西亚、哈萨克斯坦、吉尔吉斯斯坦、老挝（人民民主共和国）、马来西亚、马绍尔群岛、密克罗尼西亚（含除帕劳群岛之外的加罗林群岛）、蒙古、缅甸、北马里亚纳群岛（含除关岛之外的马里亚纳群岛）、帕劳、菲律宾、俄罗斯联邦（乌拉尔东部地区）、新加坡、台湾地区、塔吉克斯坦、泰国、土库曼斯坦、乌兹别克斯坦和越南。

3. 西南太平洋次区

美属萨摩亚、澳大利亚、库克群岛、斐济群岛、法属波利尼西亚、基里巴斯、瑙鲁、新喀里多尼亚、新西兰（含洛亚蒂群岛）纽埃、巴布亚新几内亚、萨摩亚、所罗门群岛、汤加、图瓦卢、瓦努阿图、瓦利斯和富图纳群岛。

4. 日本/朝鲜半岛次区

日本、朝鲜和韩国。

二、时间计算

在日常生活和工作中都有这样的经验，在同一时刻不同国家或地区的时间是不同的，这种现象就是常说的“时差”。由于时差的存在，在从事国际商务活动和承担国际货物运输时就常常会遇到时间换算的问题。为此，从事国际商务和国际货物运输的人员就必须熟悉时差的有关知识，掌握时差换算的方法，能够正确地安排时间，作出恰当的活动和运输安排。

（一）时区和区时

1．地方时

“时差”是由于地球自转导致的。地球自西向东不停地自转，因此东边的地点总比西边的地点先看到日出，也就是说东边地点的时刻总是比西边地点的时刻要早。地球每 24 小时自转 360°，即 1 小时转过经度 15°。这样在同一瞬时，全球各地因经度不同时刻也不相同。例如，北京的经度是东经 116°，英国伦敦的经度是 0°，两地日出的时刻相差不到 8 小时。当北京旭日东升时，伦敦还是繁星点点。这种因经度而不同的时刻，称为地方时。

2．理论时区和区时

以地方时来计算时间，在国际交往、交通和通信等方面都很不方便。为了统一时间标准，1884 年在华盛顿举行的国际经度会议上，确定采用以时区为单位的标准时间（见图 3-2）。

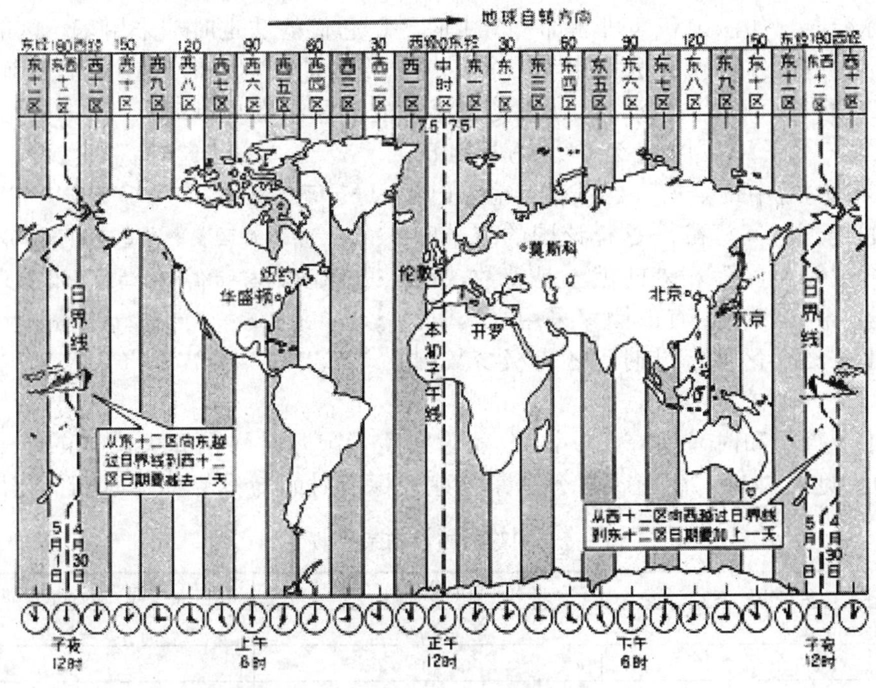

图 3-2　时区和日界线图

会议决定以经过英国伦敦格林尼治天文台原址的本初子午线（即 0° 经线）为中央经线，从西经 7.5° 到东经 7.5°（共 15 个经度）为中时区，也叫零时区。在中时区以东，依次划分为东一区至东十二区；在中时区以西，依次划分为西一区至西十二区。东十二区与西十二区各跨经度 7.5°，合为一个时区，叫做东西十二区。180° 经线是东西十二区的中央经线。这样全球共划分为二十四个时区，这就是我们通常所说的“理论时区”。

中央经线的度数除中时区为 0° 外，其他都是 15 的倍数。某一时区的中央经线的度数可用时区数乘以 15 求出。如东 5 区的中央经线度数为：5×15=75，即为东经 75°。同样，知道了某地的经度数，也可以推算其所在的时区，即可以用经度数除以 15，四舍五入。如求东经 145° 所在的时区，可用 145÷15≈9.7，四舍五入后为 10，该地应在东十区。

各时区都以本区的中央经线的“地方时”作为全区共同使用的时间，称为区时，也叫标准时（见图 3-2）。中时区的区时就是格林尼治时间，也称之为“世界标准时”（Greenwich Mean Time—GMT）。相邻两个时区的区时，相差整 1 小时。任意两个地点，它们之间相差几个时区，区时就相差几个小时。由于地球自西向东自转，较东的地点区时较早。我国疆域辽阔，东西横跨东五～东九共 5 个时区。为了使用上方便，我国现在大部分地方采用北京所在的东八区的区时（即东经 120° 经线的地方时），作为全国统一使用的时间，称为“北京时间”。

3．法定时区和区时

理论时区和区时的确定是时间计量上的一大飞跃，但是这种时区的划分，既不考虑海陆分布状况，也不考虑国家政区的界限，也有许多不便的地方。在现实生活中时区的界限并不是完全按照经线，而往往是参照各国的行政区界或自然区界来划分，这种时区我们称之为“法定时区”。根据法定时区确定的标准时，即为法定时。法定时是目前世界各国实际使用的标准时。如法国和西班牙都位于中时区，它们的法定时却采用东一区的标准时。

另外，有些国家为了充分利用太阳光，规定将各地的标准时间在夏季提前 1 小时或 0.5 小时，这种时间称为夏令时。过了夏季再恢复到原来的标准时间。

有些国家不采用以时区为单位的标准时间，常以该国的适中地点所在经线的“地方时”作为该国的统一时间标准。这样该国的统一时间与“格林尼治时间”相差的就不是整数，而是有时、分、秒之差。还有的国家采用半区时，如印度采用东 5.5 区的标准时。还有极少数国家采用首都所在地的地方时。

请在时区表中查查不同国家或地区的时区，与标准时间的时差有多少。另外请想想还可以用什么方法查到时区。

为了便于查阅和时差换算，OAG 公司公布了《国际时间换算表》（International time calculator）（见表 3-1），列出了各个国家当地的标准时间与世界标准时间的差距。

表 3-1　国际时差换算表（样表）

国家/地区（Country/area）	标准时间（Standard Clocktime）	夏时制时间（Daylight Saving time）
阿富汗（Afghanistan）	+4.30	+5.30
阿尔巴尼亚（Albania）	+1	+2
阿尔及利亚（Algeria）	+1	+2
安达曼群岛（Andman Is.）	+5.30	+6.30
安道尔（Andorra））	+1	+2
安哥拉（Angola）	+1	+2
安圭拉（Anguilla）	−4	−3
阿根廷（Argentina）	−4	−3
安提瓜和巴布达（Antigua and Barbuda）	−4	−3
亚美尼亚（Amenia）	+4	+5
阿鲁巴（Aruba）	−4	−3
亚森松岛（Ascension Is.）	GMT	+1
澳大利亚	+8	+1

（续）

国家/地区（Country/area）	标准时间（Standard Clocktime）	夏时制时间（Daylight Saving time）
西澳大利亚（Western Australia ）	+9.30	+10.30 +10.30
南澳大利亚（South Australia）	+9.30	+10.30
澳大利亚北部地区（Northern territory）	+10	+11
澳大利亚首都地区（Capital territory）	+10	+11
新南威尔士（New South Wales）	+10	+11
昆士兰州（Queensland）	+10	+11
降灵群岛（Whitsunday Islands）	+10	+11
塔斯马尼亚州（Tasmania）	+10	+11
维多利亚州（Victoria）	+10.30	+11.30 +2
奥地利（Austria）	+1	+2
阿塞拜疆（Azerbaijan）	+4	+5

注：名地的标准时间为格林尼洛时间（GMT）加上（+）或减去（–）表内所示的小时和分钟数时差；许多国家还采用夏时制时间（DST）。

4．国际日期变更线

为了避免时刻换算中出现的日期混乱的问题，国际上还规定把东、西十二区之间的180°经线作为国际日期变更线，简称日界线。人为规定东十二区（在日界线西侧）在任何时刻，总比西十二区（在日界线东侧）早24小时。也就是说，东、西十二区时间相同（在同一时区），但日期正好相差一天。因此，轮船或飞机在经过日界线时要更改日期，而钟点不变。自东十二区进入西十二区，日期要减去一天；自西十二区进入东十二区，日期要加上一天。

为了照顾180°经线附近一些地区和国家使用日期的方便，日界线避免通过陆地，因此它不完全在180°经线上。

（二）时间的计算

1．通过网络或时区表查询已知地点的时区和所求地点的时区，比如：查询美国夏威夷的时区。

2．计算出两地的时区差。

时区差的计算：若两地同为东时区或同为西时区（包括中时区），时区差就等于两地时区序号之差，即用序号大的减去序号小的。若两地分别处于东、西时区，则时区差等于两地时区序号之和。如东二区和东九区的时区差为 9–2=7；东五区和西三区的时区差为 5–（–3）=5+3=8。

3．计算所求地点的时间。

所求地点的时间=已知地点的时间+（–）时区差×1 小时。

例 1：某一票货物采用航空运输的方式从上海直接运往埃及开罗。9月15日12时从上海启程，飞行10个小时，请问航班抵达开罗时的当地时间。

注意：已知东面地点的时间，求其西面地点的时间，用“–”号（如果差额为负可将已知地点时间加上24小时，再减去时区差，这样求出的时间，其日期应为已知地点时间

的日期减去 1 天）。已知西面时间求东面时间，用“+”号，（如果超过 24 小时，应减去 24 小时，其日期应为已知地点时间的日期加上 1 天）。

第一步：查询上海和埃及开罗的时区，并计算出时区差。

上海位于东八区，开罗位于东二区，两地的时区差：8–2=6。

第二步：航班起飞时开罗当地时间=已知上海的时间–时区差×1 小时。

即：开罗时间=9 月 15 日 12 时–6×1 小时=9 月 15 日 6 时。

第三步：飞机经过 10 小时后抵达开罗的时间=航班起飞时开罗当地时间+飞行时间。

即：抵达时开罗的时间=9 月 15 日 6 时+10 小时=16 时。

航班抵达开罗时为当地 9 月 15 日 16 时。

例 2：某一票货物采用航空运输的方式从北京直接运往美国的夏威夷，3 月 28 日 15:30 从北京启程，飞机抵达夏威夷时当地的时间为 3 月 28 日 16:10。请问飞机飞行了多少时间。

第一步：查询北京和夏威夷的时区，并计算出时区差。

北京位于东八区，夏威夷位于西十区，两地的时区差：8 –（–10）=8+10=18

第二步：航班起飞时夏威夷当地时间=已知北京的时间–时区差×1 小时。

即：航班起飞时夏威夷当地时间=3 月 28 日 15:30（+24 小时）–18×1 小时=21:30

由于已知地点加上了 24 小时，所以日期要减去一天，即 3 月 28 日减去一天为 3 月 27 日。当飞机起飞时夏威夷的时间为 3 月 27 日 21:30。

第三步：飞机飞行的时间=到达时间–起飞时间

即：飞行的时间=3 月 28 日 16:10–3 月 27 日 21:30=18 小时 40 分（被减数要加上 24）

共计飞行了 18 小时 40 分。

想一想

1. 已知起止地的时间，参照上述方法计算飞行时间。

2. 采用查阅（International time calculator），换算成标准时间的方法计算一下上述例题。

3. 用网络的方法得到上述例题的答案。

三、航线与航班

（一）世界上主要的国际航线

航线是指经过批准开辟的连接两个或几个地点，进行定期或不定期飞行，经营运输业务的航空交通线。按照飞行的路线，航线可分为国内航线和国际航线。国际货物运输主要采用国际航线。

世界航空运输线的布局主要集中于北美、西欧和东亚三个经济发达的地区。尤其以欧洲西部、美国东部、东亚、东南亚和加勒比海等地区最为密集。目前国际航线大约有数千条，最为繁忙的国际航线有以下三条。

1．西欧—北美间的北大西洋航空线

它是西欧的巴黎、伦敦、法兰克福、布鲁塞尔等主要国际机场和北美的纽约、亚特兰大、芝加哥、蒙特利尔等主要机场间的往来航线，是当今最繁忙的航空线。

2．西欧—中东—远东航空线

该航线连接西欧各主要机场至远东北京、上海、香港、东京、首尔等各机场，是西

欧与远东两个经济发达区的往返航线。它途经的重要航空站有雅典、开罗、德黑兰、卡拉奇、新德里、曼谷和新加坡等。

知识链接

"远东"和"中东"

"远东"、"中东"这些地理名词最早来源于西方，是欧洲人的习惯称呼，后来流传世界其他地区沿用至今。"远东"一词，一般指远离西欧的亚洲东部地区，主要包括中国、日本、朝鲜以及俄罗斯的太平洋沿岸地区，有时也把东南亚各国列入远东范围之内。"中东"一词，使用最广泛，但其范围和界限也很不确定。有的仅指伊朗和阿富汗，现在通常泛指以西亚为主的（但一般不包括阿富汗在内），地处欧、亚、非三洲连接的地区。

3．远东一北美间的北太平洋航线

这是北京、香港、东京等主要国际机场经北太平洋上空至北美西海岸温哥华、西雅图或旧金山、洛杉矶等国际机场，然后连接北美大陆东海岸的航空中心。太平洋中的火奴鲁鲁、阿拉斯加的安克雷奇国际机场是该航线的中间加油站。

此外，还有北美—南美，西欧—南美，西欧—非洲，西欧—东南亚—澳、新，远东—澳、新，北美—澳、新等重要国际航空线。

（二）航班

航班是指飞机由始发站起飞按照规定的航线和时间经过经停站至终点站做运输飞行。航班要根据班机时刻表在规定的航线上使用规定的机型、按照规定的日期、规定的时刻飞行。即具有"定航线、定机型、定日期、定时刻"的"四定"特点。

按照飞行区域，航班可分为国内航班和国际航班。按照飞行业务范围，又可分为定期航班和不定期航班。

航班是用航班号来表示的，根据航班号可以知道航班的起降时间和地点。货运业务人员，有必要了解航班号的有关知识。一是在运输单据上要求准确填写；二是可以帮助业务员正确选择适合的航班。

1．我国国内航班号的编排

我国国内航班号的编排是由航空公司的二字代码加 4 位数字组成，航空公司代码由民航总局规定公布（见表 3-2）。列如，CA（中国国际航空公司）、CZ（中国南方航空公司）、ZH（深圳航空公司）、HU（海南航空公司）、FM（上海航空公司）、3U（四川航空公司）、MU（中国东方航空公司）、SC（山东航空公司）、MF（厦门航空公司）。

后面四位数字的第一位代表航空公司的基地所在地区，第二位代表航班基地外终点所在地区，其中数字"1"代表华北、"2"为西北、"3"为华南、"4"为西南、"5"为华东、"6"为东北、"8"为厦门、"9"为新疆。第三、第四位表示航班的序号，单数表示由基地出发向外飞的航班，双数表示飞回基地的回程航班。以 CA1206 为例，CA 是中国国际航空公司的代码，第一位数字 1 表示华北地区，国航的基地在北京；第二位数字 2 表示西北，西安属

正确查询国际国内航班。

西北地区；后两位06为航班序号，末位6是双数，表示该航班为回程航班。CA1206为中国国际航空公司的由西安飞往北京的航班。

表3-2 国内部分航空公司代码表

中文名称	英文名称	二字代码	三字代码
中国国际航空公司	Air China	CA	CCA
中国南方航空公司	China Southern Airlines	CZ	CSN
中国东方航空公司	China Eastern Airlines	MU	CES
厦门航空公司	Xiamen Airlines	MF	CXA
山东航空公司	Shandong Airlines	SC	CDG
上海航空公司	Shanghai Airlines	FM	CSF
深圳航空公司	Shenzhen Airlines	2H	CSZ
四川航空公司	Sichuan Airlines	3U	CSC
东北航空公司	Northeast Airlines	NS	DBH

2. 国际航班号的编排

国际航班号的编排是由航空公司代码加3位数字组成。第一位数字表示航空公司，后两位为航班序号，与国内航班号相同的是单数为去程，双数为回程。例如MU508，由东京飞往北京，是中国东方航空公司承运的回程航班。

四、航空港

航空港，俗称机场，又称航空站，是飞机起飞、降落、停放、组织和保障飞机飞行活动的场所。航空港可以分成国内航空港和国际航空港。目前世界各大洲不少国家的首都和重要城市都建有国际航空港。

（1）亚洲：北京、上海、广州、东京、香港、新加坡、马尼拉、雅加达、仰光、曼谷、加尔各答、孟买、卡拉奇、德黑兰、贝鲁特、吉达、迪拜等。

（2）欧洲：伦敦、巴黎、柏林、法兰克福、苏黎世、罗马、维也纳、哥本哈根、雅典、华沙、莫斯科、布加勒斯特等。

（3）北美洲：纽约、华盛顿、芝加哥、亚特兰大、洛杉矶、旧金山、迈阿密、西雅图、达拉斯-沃斯堡、休斯敦、蒙特利尔、多伦多、温哥华等。

（4）拉丁美洲：墨西哥城、不宜诺斯艾利斯、里约热内卢、圣地亚哥、利马等。

（5）非洲：开罗、喀什穆、约翰内斯堡、拉各斯、达喀尔、阿尔及尔等。

（6）大洋洲及太平洋岛屿：悉尼、墨尔本、柏斯、奥克兰、楠迪（斐济）、帕皮提、火奴鲁鲁（檀香山）等。

世界上的主要货运机场有美国的孟菲斯国际机场、安克雷奇国际机场、洛杉矶国际机场、迈阿密国际机场、肯尼迪国际机场，法国的戴高乐机场，德国的法兰克福机场，英国的希思罗机场，日本的成田国际机场，中国的香港国际机场、上海浦东国际机场等。这些均为现代化、专业化程度较高的大型国际货运空中枢纽，在国际贸易运输中起着重要的作用。

我国的国际航空货运枢纽有上海浦东国际机场、北就首都国际机场、台湾桃园国际机场、广州白云国际机场等。表3-3为2008年国际机场协会（ACI）统计的全球十大货运机场排名。

表3-3　2008年全球十大货运机场排名

名　次	机　场	所属国（地区）	货运量/万吨
1	孟菲斯国际机场	美国	369.5
2	香港国际机场	中国	366.1
3	上海浦东国际机场	中国	260.3
4	首尔（仁川）国际机场	韩国	242.4
5	安克雷奇国际机场	美国	233.9
6	巴黎戴高乐机场	法国	228.0
7	法兰克福机场	德国	211.1
8	东京（成田）国际机场	日本	210.0
9	路易斯维尔国际机场	美国	197.4
10	新加坡樟宜机场	新加坡	188.4

航空港（机场）通常采用三字代码表示。例如：首都国际机场的代码为PEK、日本东京成田国际机场为NRT。

模块小结

航空运输是最快捷的运输方式，在国际货物运输中主要承担着长途小件贵重物品的运输。本模块着重介绍了国际航空运输协会（IATA）的航空区域划分；国际标准时间与地方时的基本知识和计算、查询方法；世界主要航空运输线的布局和航班号的基本知识；各洲主要的航空运输中心、世界及我国主要航空货运机场、航空港的三字代码。

商务模拟实训

1．根据实际业务案例模拟选择运输航班，练习计算时间、查阅航班号。

2．根据合同练习填写运输单据中城市、机场、航空公司和航班等内容。

课外活动建议

1．组织学生以知识竞赛的方式，熟练掌握国家、城市、主要国际空港、主要航空公司的中英文名称、写法和代码。

2．组织学生参观机场，了解航空货运的有关基本知识和设施。

3．与空运代理公司的业务人员座谈或参观企业，了解空运代理公司的业务特点、对业务人员知识和能力方面的基本要求。重点了解航空地理相关知识在实际业务中的应用情况。

综合练习

一、填空题

1. IATA 是____________协会（International Air Transport Association）的英文缩写，该协会简称__________，是世界上最大的由__________所组成的行业性民间组织，也是在国际航空运输方面影响最大的一个国际组织。目前有 280 多个会员。总部设在加拿大的__________，执行总部位于瑞士__________。

2. FIATA 是______________协会联合会（International Federation of Freight Forwarders Associations）的英文缩写。该联合会是世界各国__________协会及________的联合组织，成立于 1929 年。

3. 填写航空区划

序号	国家	航空区划	次区	序号	国家	航空区划	次区
1	中国			8	巴西		
2	日本			9	南非		
3	英国			10	俄罗斯		
4	美国			11	法国		
5	澳大利亚			12	沙特		
6	德国			13	印度		
7	印度			14	埃及		

4. 填写常用中外航空公司中英文名称和代码

序号	中文名称	英文名称	二字代码	所属国家
1	中国国际航空公司			中国
2	中国北方航空公司			中国
3	中国南方航空公司			中国
4	中国西南航空公司			中国
5	中国西北航空公司			中国
6	中国东方航空公司			中国
7	海南航空公司			中国
8		Dragon Air		
9		Korean Air		
10		Asiana Airways		
11		Japan Airlines		
12		All Nippon Airways		
13		Singapore Airlines		
14		Thai Airways International		
15		Northwest Airlines		
16		Canadian Airlines International		
17		United Airlines		
18		British Airways		
19		Klm Royal Dutch Airlines		
20		Lufthansa German Airlines		

（续）

序　号	中文名称	英文名称	二字代码	所属国家
21		Air France		
22		Swiss air		
23		Austrian Airlines		
24		Aeroflot Russian International		
25		Qantas Airways		
26		Finnair Airlines		
27		Italia Airlines		
28		Scandinavian Airlines		

5．填写主要航空港的英文名称和代码

序　号	中文名称	英文名称	代　码	所属国家
1	孟菲斯国际机场			
2	安克雷奇国际机场			
3	洛杉矶国际机场			
4	迈阿密国际机场			
5	肯尼迪国际机场			
6	戴高乐国际机场			
7	法兰克福机场			
8	希思罗机场			
9	成田国际机场			
10	香港国际机场			
11	上海浦东国际机场			
12	北就首都国际机场			
13	台湾桃园国际机场			
14	广州白云国际机场			

二、计算题与查询

1．某公司一批运往意大利米兰的服装于北京时间 3 月 11 日 9:30 从北京机场发出，经过 9 小时的飞行到达意大利米兰，计算飞机抵达时当地的时间。（请采用两种方法计算。）

2．有一批货物于美国当地时间 5 月 21 日下午 3:20 从旧金山港装船发出，大约航行 16 天，请问货船将于北京时间何时抵达我国的上海港？（请采用两种方法计算。）

3．有一批货从我国天津新港海运至英国的伦敦港，船只在海上航行了 20 天于当地时间 6 月 12 日上午 10:15 抵达目的地。请问这艘船是于北京时间何时出发的？抵达伦敦时北京时间是何时？

4．查询后天北京到美国纽约、西雅图，德国汉堡、慕尼黑，澳大利亚悉尼、意大利罗马、米兰、都灵，日本东京、大阪上午最早的航班，查询从广州到北京、上海、天津、成都、香港最晚的航班。

5．查询当地主要航空公司发往日本、美国、欧洲等地的货运航班情况。

模块四　国际海洋运输

学习目标

1．了解国际海洋运输。

2．掌握世界主要运河和海峡的名称、位置、作用、通过能力限制，并能够在世界地图上熟练地查找出来。

3．能熟练地在世界地图上查找出国际海洋运输主要航线的大致走向。

4．了解国际集装箱运输的优势，能熟练地在世界地图上查找出国际集装箱运输主要航线的大致走向。

5．掌握世界主要集装箱港口的名称、位置，并能够在世界地图上熟练地查找出来。

6．能熟练地在世界地图上查找出中国对外贸易运输主要海运航线的大致走向。

教学准备

1．《世界地图册》。

2．海运提单、集装箱场站收据、集装箱装箱单、进口集装箱货物提货单样本。

3．《国际海洋运输》PPT。

4．学时：6 学时。

学习导入

上海海兴进出口公司与德国莱茵贸易公司签订了出口 260 个纸箱工艺品的销售合同，装货港是上海，卸货港是汉堡，海兴进出口公司委托南吉国际货运代理公司办理海运集装箱出口订舱手续。同学们，你们知道这些货物是通过什么样的海运通道运出去的吗？下面我们就详细介绍国际海洋运输的有关知识。

基础理论知识介绍

一、国际海洋运输概述

（一）海洋运输的特点

在国际货物运输中，海洋运输一直是最经济、最安全和最环保的远距离运输方式，承担着近 90%的世界贸易运输量，是最主要的国际贸易货物运输形式。

与其他运输方式相比，国际海洋运输具有许多优点：① 地球上的海洋是一个相互连通的水域整体，海运不必转运，货物就能通往世界沿海的各个港口。② 海运船舶容积宏大，运量巨大，特别适合于国际贸易大宗货物的长途运输。③ 海洋航道的开发整治费用较低，船舶单位燃料耗费较少，有利于节省能源，加之运量大、航程远，使海运的成本低廉，运费也相对较低。一般来讲，海洋运输的运费是铁路运费的 1/5，公路运费的 1/10，航空运费的 1/30。当然，海运也有速度较慢、受气候条件影响较大等局限性。

（二）海洋运输的要素

海洋运输必须具备四个要素，即货、船、港、线。货物是海洋运输的对象；船舶是海洋运输的必备工具；港口是海上交通与陆上交通的连接枢纽；海运航线是海洋中可供船舶航行的通道。

1. 货物

在海运的货物结构中，主要是量大、价廉、笨重和运输距离长的大宗货物，其中又以能源等矿物资源为主。目前，在世界海运货物中，石油及其制品数量最多，约占 40%～50%；其次是铁矿石、煤炭、铝土、磷灰石和谷物等五类干散货；再次是其他各类矿产品；各种日用工业品、各类机械产品和各种原材料等也占一定的比例。

知识链接

货物的两种分类

一、按能否分件划分

1. 件杂货：是指有包装的、可分件的、数量较少的货物。如今绝大多数的件杂货采用集装箱运输。

2. 大宗货：一般是指数量较大，规格比较统一的初级产品。在运输时，它们大多是散装的，故又称散装货，如石油、煤炭和矿石等。

二、按所含水分不同划分

1. 干货：是指基本上不含水分或含水分很少的货物，件杂货大都属于干货。

2. 湿货：是指散装液体货，如石油及其制品、液态化学品等。

2. 船舶

科技的日新月异促进了造船技术的不断进步，海运船舶向大型化、自动化、高速化和专业化方向发展。信息技术提高了船舶的自动化水平，并与动力系统的改进相结合提高了航运速度，航速的提升加快了货物周转次数，缩短了交货时间，并带来更高的经济效益。过去的班轮（指有固定航线和停靠固定港口的船舶）每小时航速 10 节左右，现在的集装箱班轮航速大多在 20 节以上。

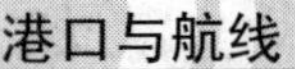

知识链接

航　速

船舶航速以“节”表示。早在16世纪，海上航行已相当发达，但当时一无时钟，二无航程记录仪，所以难以确切判定船的航行速度。有一位聪明的水手想出一个妙法，他在船舶航行时向海面抛出拖有绳索的浮体，再根据一定时间里拉出的绳索长度来计算船速。那时候，计时使用的还是流砂计时器。为了较准确地计算船速，有时放出的绳索很长，便在绳索的等距离处打了许多结，如此整根计速绳上又分成若干节，只要测出相同的单位时间里，绳索被拉拽的节数，自然也就测得了相应的航速。于是，“节”成了船舶速度的计量单位，用“Kn”表示，1节等于每小时1海里，也就是每小时行驶1.852公里。船舶的航速依船型不同而不同，其中散货船（见图4-1）和油轮（见图4-2）的航速较慢，一般为13～17节，集装箱船（见图4-3）的航速较快，目前最快的集装箱船航速可达24.5节。

图4-1　散货船

图4-2　油轮

图4-3　集装箱船

大型船舶的采用使运输成本大为降低，并成为一种趋势。随着世界贸易量的不断增加和造船工业的发展，各类船舶越造越大。目前投入使用的最大的超级油轮的载重量在50万吨以上，20～30万吨油轮已成为石油运输的主力。香港董氏集团创始人董浩云先生在日本订造的一艘564 763载重吨的超巨型油轮——“海上巨人”号，是世界上最大的船舶，该轮于1980年12月完工并投入营运。

当今世界集装箱船中的主力船舶一般载量在5 000标准箱以上，目前最大的集装箱船是丹麦马士基集团旗下的“伊夫林·马士基”轮，装载能力达11 000标准箱，长397.7

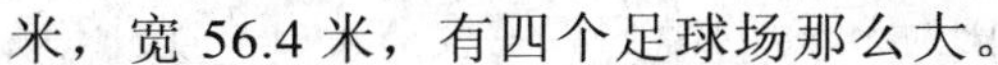
米，宽 56.4 米，有四个足球场那么大。

此外，液化天然气船（见图 4-4）、液化石油气船等高技术、高附加值的专业化船舶不断投产，进一步提高了运输效率和运输质量。

图 4-4　液化天然气船

知识链接

方便旗船

方便旗船是指在外国登记、悬挂外国国旗并在国际市场上进行营运的船舶，这些船舶的登记国籍与其真正的所属国籍是不同的。许多船舶的船主为了逃避本国较高的船舶税和船员待遇的规定，改向税收和船员待遇较低的国家注册登记，并悬挂该国国旗，人们称之为“方便旗”，此船即是“方便旗船”。公开允许外国船舶在本国登记的“开放登记”国家，主要有巴拿马、利比里亚、马耳他、巴哈马和塞浦路斯等。

近些年来，挂方便旗的船的比重逐年增加。统计显示，目前世界各国方便旗船的比重占到总量的 64%。在我国 4 000 多万载重吨的远洋船队中，有 56%的船舶在境外登记注册，悬挂方便旗经营，而悬挂五星红旗经营的船舶仅有 44%。

3．港口

港口是具有水陆联运设备和条件，供船舶安全进出和停泊的运输枢纽，是水陆交通的集结点，工农业产品和外贸进出口物资的集散地，船舶停泊、装卸货物、上下旅客、补充给养的场所。由于港口是联系内陆腹地和海洋运输（国际航空运输）的一个天然界面，因此，人们也把港口作为国际物流的一个特殊结点。

港口可分为基本港与非基本港。基本港（Base Port）是指运价表限定班轮公司的船一般要定期挂靠的港口；非基本港（Non-Base Port）是指基本港口以外的港口。非基本港一般除按基本港收费外，还需另外加收转船附加费，达到一定货量时则改为加收直航附加费。如果按用途划分，港口又可分为商港、军港、渔港和避风港等；按所处位置分，有河口港、海港和河港等。

港口由水域和陆域组成。水域通常包括进港航道、锚泊地和港池。陆域指港口供货物装卸、堆存、转运和旅客集散之用的陆地面积。陆域上有进港陆上通道（铁路、道路、运输管道等）、码头前方装卸作业区和港口后方区。

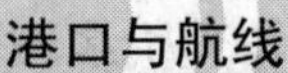

世界港口总共大约有 3 000 多个，80%是用于国际贸易的港口，主要分布于发达国家和地区。大西洋拥有世界港口总数的 3/4，太平洋约占 1/6，印度洋约占 1/10。在众多港口中，年吞吐量在 1 亿吨以上的国际性大港有 20 多个。

4．航线

航线是船舶在两个或多个港口之间从事货物运输的线路。

航线按船舶营运方式分为定期航线和不定期航线。定期航线，是指使用固定的船舶，按固定的船期和港口航行，并以相对固定的运价经营客货运输业务的航线。定期航线又称班轮航线，主要装运件杂货物。不定期航线，是指临时根据货运的需要而选择的航线。船舶、船期、挂靠港口均不固定，是以经营大宗、低价货物运输业务为主的航线。

航线按航程的远近分远洋航线（Ocean-going Shipping Line）、近洋航线（Near-sea Shipping Line）和沿海航线（Coastal Shipping Line）。远洋航线是指航程距离较远，船舶航行跨越大洋的运输航线，如远东至欧洲和美洲的航线。我国习惯上以也门的亚丁港（ADEN, YEMEN）为界，把去往亚丁港以西，包括红海两岸和欧洲以及南北美洲广大地区的航线划为远洋航线。近洋航线是指本国各港口至邻近国家港口间的海上运输航线的统称。我国习惯上把航线在亚丁港以东地区的亚洲和大洋洲的航线称为近洋航线。沿海航线是指本国沿海各港之间的海上运输航线，如上海—广州、青岛—大连等。

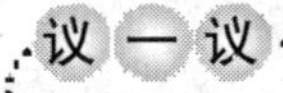

海洋运输的四要素。

二、国际海洋运输的重要通道

运河是指用以连通地区或水域间水运的人工开凿的水道。海峡是指被夹在两块陆地之间，两端连接两大海域的狭窄通道。在国际海运中，重要的运河和海峡往往是航行中的咽喉地带，它们把许多重要的水域联系了起来，还能大大缩短航程，提高航运经济效益。

（一）世界主要运河（见表 4-1）

1．苏伊士运河（Suez Canal）（见图 4-5）

苏伊士运河位于埃及东北部，是连通欧亚非三大洲的国际海运航道，连接红海与地中海，使大西洋、地中海与印度洋连结起来，从而大大缩短了从欧洲和北美洲通往印度洋沿岸和太平洋各国的航道。例如，从伦敦到科威特，经运河的航程为 12 025 公里，比绕道非洲好望角缩短了 8 880 公里。苏伊士运河每年承担着全世界 14%的海运贸易。到目前为止，全世界有 100 多个国家和地区的船舶都通过苏伊士运河进行海洋运输。亚洲和欧洲之间除石油以外的 80%的货物海运要经过苏伊士运河。

苏伊士运河北起塞得港，南至陶菲克港。全长 195 公里（包括两端深入海中的航道），河面宽 300～350 米，平均水深 20 米，目前可通行满载 25 万吨或空载 56 万吨的船舶，平均过河时间为 12～13 个小时。由于巨型油轮（一般指超过 25 万吨的油轮）满载时无法通过运河，只能绕行好望角。

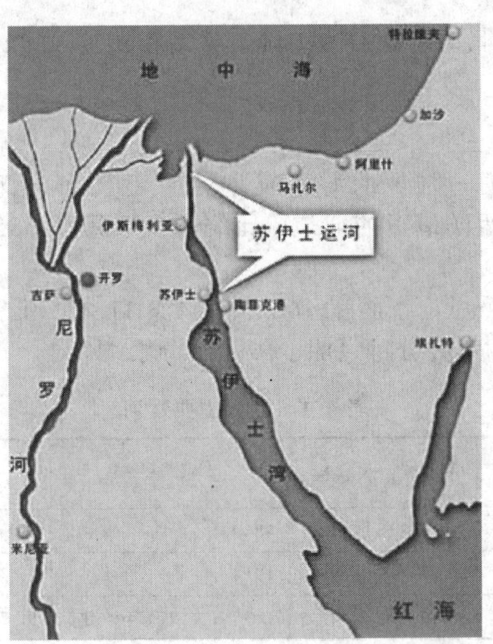

图 4-5　苏伊士运河

2．巴拿马运河（Panama Canal）（见图 4-6）

图 4-6　巴拿马运河

巴拿马运河斜贯巴拿马共和国中部，是连通大西洋和太平洋的重要国际航运通道，使两大洋间的航程比绕道南美洲南端的麦哲伦海峡或合恩角缩短 5 000～14 000 公里，被称为“世界水桥”。

巴拿马运河全长 83.3 公里，宽度为 152～304 米，水深 13.5～26.5 米，呈东南一西

北走向。运河为水闸式，最大可通行 6 万吨且宽度不超过 32 米的船舶，过河时间一般需 8～15 个小时。

3．基尔运河（Kiel Canal）

基尔运河又名“北海—波罗的海运河”，位于德国东北部，连通了波罗的海和北海，是波罗的海通往大西洋最短的通道，比绕丹麦缩短了 685 公里，具有重要的航运价值。

基尔运河全长 98.7 公里，水面宽 162 米，水深 11 米，上空飞跨 7 座大桥，两端建有船闸各一对。运河平均每 8 分钟过船一艘，十分繁忙。

表 4-1　世界主要运河

运河名称	地理位置	沟通水域	建成年份	长度（公里）	宽度（米）	水深（米）
苏伊士运河	西亚与非洲间	印度洋—地中海	1869 年	195	300～350	20
巴拿马运河	中美洲	太平洋—大西洋	1914 年	83.3	152～304	13.5～26.5
基尔运河	德国东北部	波罗的海—北海	1895 年（1914 年改建）	98.7	162	11

（二）世界主要海峡

目前世界上最繁忙的海峡有马六甲海峡、霍尔木兹海峡、曼德海峡、黑海海峡、直布罗陀海峡以及英吉利海峡和多佛尔海峡（见表 4-2）。

表 4-2　货运最繁忙的世界六大海峡

海峡名称	地理位置	沟通水域
马六甲海峡	马来半岛和印度尼西亚苏门答腊岛之间	南海、太平洋—安达曼海、印度洋
霍尔木兹海峡	阿拉伯半岛和伊朗南部之间	波斯湾—阿拉伯海、印度洋
曼德海峡	阿拉伯半岛西南端与非洲大陆之间	阿拉伯海、印度洋—红海、地中海
黑海海峡	土耳其的亚洲和欧洲部分之间	黑海—地中海
直布罗陀海峡	欧洲西南的伊比利亚半岛和非洲西北角之间	大西洋—地中海
英吉利海峡和多佛尔海峡	大不列颠岛和欧洲大陆之间	大西洋—北海

1．马六甲海峡（见图 4-7）

图 4-7　马六甲海峡

马六甲海峡位于马来半岛和印度尼西亚苏门答腊岛之间，东南连南海（南中国海），西北接安达曼海，是沟通太平洋和印度洋的重要国际水道。海峡全长约 1 080 公里，呈喇叭形，北口宽 370 公里，南口仅 37 公里，水深 25～115 米，主要深水航道偏于海峡东侧，可通航载重 20 万吨以下的船舶。每年通过海峡的船只达 8 万艘，是仅次于英吉利海峡和多佛尔海峡的世界最繁忙海峡之一。

马六甲海峡目前由沿岸三国—— 新加坡、马来西亚和印度尼西亚共同管理。海峡承担着全球 1/3 的货运量和约 50%的石油运输量，是中国、日本和韩国等东亚国家的石油运输通道。日本每年从非洲和中东地区进口石油的 90%都要经马六甲海峡，因此马六甲海峡被日本视为“海上生命线”。中国的石油进口来自中东、非洲、东南亚等地区，其中有 80%左右要通过马六甲海峡，据测算，每天通过马六甲海峡的船只近 6 成是中国船只。近年来，这一咽喉日益拥挤，海盗活动也日益猖獗，石油安全问题摆在东亚国家面前。

2．霍尔木兹海峡（见图 4-8）

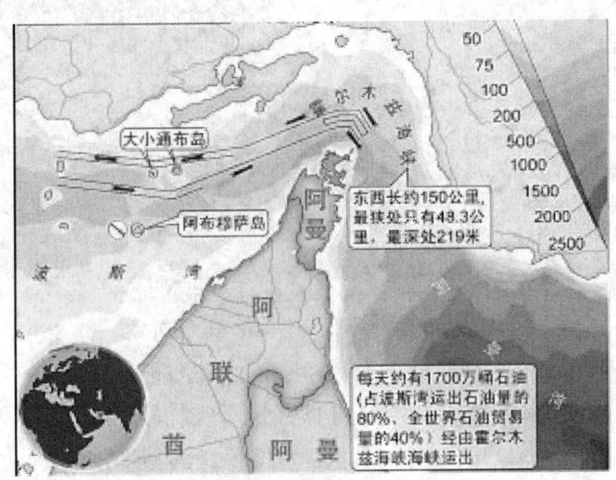

图 4-8　霍尔木兹海峡

霍尔木兹海峡位于亚洲西部，东接阿曼湾，西连波斯湾，呈人字形，东西长约 150 公里，南北宽 48.3～97 公里，深度 71～219 米。海峡是盛产石油的波斯湾通向阿拉伯海、印度洋的唯一出口，是世界著名的“石油海峡”。波斯湾沿岸产油国的石油绝大部分通过海峡输往西欧、澳大利亚、日本和美国等地，是西方国家的“生命线”。目前，每天都有近 200 条油轮运载着约 2 000 万桶原油通过海峡。

3．曼德海峡

曼德海峡位于阿拉伯半岛西南端与非洲大陆之间，是印度洋、亚丁湾北上红海，经苏伊士运河进入地中海的必经之路，被称为连接亚、非、欧三大洲的“水上走廊”，是太平洋、印度洋和大西洋三大洋的海上交通要道。海峡长 18 公里，宽 25～32 公里，东水道深 30 米，是主要通航水道。每年有 2 万多艘船只通过，其中有不少是油轮。

4．黑海海峡

黑海海峡又名“土耳其海峡”，位于土耳其领土的亚洲部分和欧洲部分之间，海峡由三部分组成，包括北段的博斯普鲁斯海峡、中部的马尔马拉海和西南段的达达尼尔海峡，全长 375 公里。海峡东北接黑海，西南通地中海的爱琴海，是黑海的唯一出口。每天通过的船舶平均 100 多艘。

5．直布罗陀海峡

直布罗陀海峡位于欧洲西南的伊比利亚半岛和非洲西北角之间，是大西洋和地中海之间的唯一海上通道。海峡长约 90 公里，宽 14～43 公里，东窄西宽，平均水深 375 米。海峡过往船只频繁，不少从波斯湾、北非出发的油轮经此驶往西欧、北欧。

6．英吉利海峡和多佛尔海峡（见图 4-9）

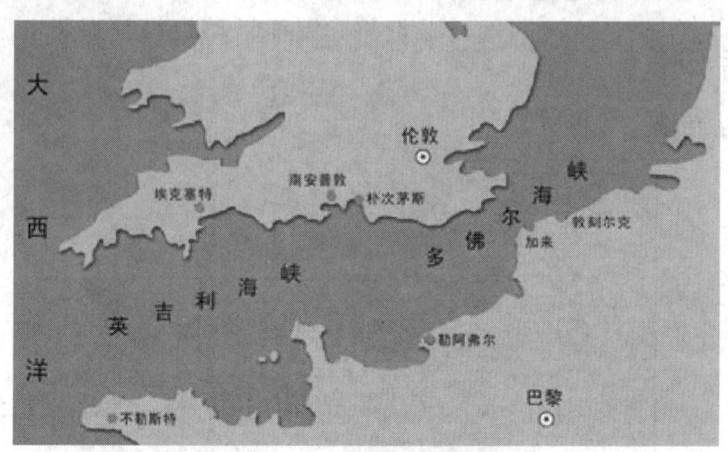

图 4-9　英吉利海峡和多佛尔海峡

英吉利海峡和多佛尔海峡又叫拉芒什海峡和加来海峡，位于大不列颠岛和欧洲大陆之间。两条海峡相互连接，西南段为英吉利海峡，东北段为多佛尔海峡，总长约 600 公里，宽为 33～220 公里，西南开口宽阔，呈喇叭形。海峡沟通大西洋和北海，是西欧、北欧与世界各国贸易联系的主要通道，每年通过的船舶达 12 万艘，是世界最繁忙的水道。多佛尔海峡的最窄处有海底隧道连接英法两国。

其他重要的海峡还有：

龙目海峡：位于印度尼西亚龙目岛和巴厘岛之间，沟通巴厘海、爪哇海和印度洋，可通行载重量 20 万吨以上的巨型船舶，是无法或不愿经由马六甲海峡的船舶的另一重要航道。

望加锡海峡：位于印度尼西亚苏拉威西岛和加里曼丹岛之间，沟通苏拉威西海和爪哇海。

巽他海峡：位于印度尼西亚苏门答腊岛和爪哇岛之间，沟通爪哇海和印度洋。

龙目海峡、望加锡海峡、巽他海峡是沟通太平洋和印度洋的海上咽喉要道。

巴士海峡：位于中国台湾岛和菲律宾吕宋岛之间，沟通南海和太平洋。

台湾海峡：位于中国台湾岛和大陆之间，沟通东海和南海。

朝鲜海峡：位于日本九州岛、本州岛和朝鲜半岛之间，沟通日本海和东海、黄海。

练一练

在世界地图上查找各海峡的位置。

大隅海峡：位于日本九州岛南部大隅半岛和琉球群岛之间，沟通东海和太平洋。
巴斯海峡：位于澳大利亚南部和塔斯马尼亚岛之间，沟通塔斯曼海和印度洋。
托雷斯海峡：位于新几内亚岛和澳大利亚之间，沟通阿拉弗拉海和珊瑚海。
麦哲伦海峡：位于南美大陆和火地岛之间，沟通南大西洋和南太平洋。
白令海峡：位于俄罗斯最东部和美国阿拉斯加之间，沟通白令海和楚科奇海。
莫桑比克海峡：位于非洲大陆和马达加斯加之间，沟通南、北印度洋。

三、国际海洋运输航线

（一）大西洋航区

大西洋水域辽阔，海岸线曲折，有许多优良港湾和深入大陆的内海。北大西洋两侧是西欧、北美两个世界经济最发达的地区，又有苏伊士运河和巴拿马运河沟通印度洋和太平洋。几个世纪以来，大西洋的海运总量一直居世界各大洋之首。主要航线有以下几条。

1．西、北欧——北美东海岸

走向：西、北欧——横渡大西洋——纽芬兰岛——北美东海岸

注意点：该航线冬季风浪大，并有浓雾、冰山，对航行安全构成威胁。

实　　例	Rotterdam, the Netherlands——New York-New Jersey, US 鹿特丹，荷兰——纽约—新泽西，美国
	Montreal, Canada——Liverpool, UK 蒙特利尔，加拿大——利物浦，英国

2．西北欧、北美东海岸——加勒比海沿岸

走向：出英吉利海峡——横渡北大西洋——莫纳海峡——加勒比海沿岸

注解：西北欧-加勒比海航线多半出英吉利海峡后横渡北大西洋。它同北美东海岸各港出发的船舶一起，一般都经莫纳、向风海峡进入加勒比海。除去加勒比海沿岸各港外，还经巴拿马运河到达美洲太平洋岸港口，还可经巴拿马运河——美洲西岸。

实　　例	Oslo, Norway——Colon, Panama 奥斯陆，挪威——科隆，巴拿马
	Callao, Peru——New Orleans, US 卡亚俄，秘鲁——新奥尔良，美国

3．西北欧、北美东海岸——地中海、苏伊士运河——波斯湾

走向：出英吉利海峡——大西洋——直布罗陀海峡——地中海——苏伊士运河——红海——曼德海峡——阿拉伯海——霍尔木兹海峡——波斯湾

注解：西北欧-地中海、苏伊士航线，是世界上最繁忙的航线，它是西北欧与亚太地区、海湾地区间贸易往来的捷径，运输船舶往来穿梭；北美-地中海航线除与地中海岸各港间往来外，还与海湾国家间密切往来。中国至西北欧航线，是中国最早开辟的远洋航线，远在20世纪50年代初就开辟了中波间班轮航线。

注意点：这条航线是世界上最繁忙的航线，是一条重要的海上石油运输线。

该航线一般途径亚速尔、马德拉群岛上的航站。

实　例	Hamburg, Germany—— Doha, Qatar 汉堡，德国——多哈，卡塔尔
	Dubai, UAE—— Boston, US 迪拜，阿联酋——波斯顿，美国

4．西北欧、地中海——南美东海岸

走向：出英吉利海峡——加那利群岛、佛得角群岛上的航站——南美东海岸

注意点：这是一条重要的海上铁矿石运输线。

实　例	Antwerp, Belgium—— Rio de Janeiro, Brazil 安特卫普，比利时——里约热内卢，巴西
	Santos, Brazil—— Marseilles, France 桑托斯，巴西——马赛，法国

5．西北欧、北美东海岸——好望角——波斯湾

注意点：这条航线主要由巨型油轮经营，是世界上最主要的海上石油运输线。

西北欧、北美去海湾运油的 15 吨级以上巨轮必须经过好望角。西非大西洋上的航站——佛得角群岛、加那利群岛是它们常停歇的地方。

实　例	Le Havre, France—— Abu Dhabi, UAE 勒阿弗尔，法国——阿布扎比，阿联酋
	Kuwait —— Norfolk, US 科威特——诺福克，美国

6．南美东海岸——好望角——波斯湾、阿拉伯海/中国/远东

注意点：这是一条以石油、铁矿石为主的运输线。

它是南美东海岸去海湾运油，或远东国家购买巴西的矿石常走的路线。中国至南美东海岸输油和运矿石也走该航线。

这条航线处于西风漂流海域，风浪较大，一般向西航行偏北行，向东航行偏南行。

实　例	Buenos Aires, Argentina—— Aden, Yemen 布宜诺斯艾利斯，阿根廷——亚丁，也门
	Bombay, India—— Recife, Brazil 孟买，印度——累西腓，巴西

知识链接

国际大宗货物

石油是世界海运中最大宗的货物，约占海运量的 50%以上，这是因为石油是高热值的化工原料，是世界重要的战略物资。石油的生产发展迅速，在世界能源消费中具有显赫地位，约占 45%以上，是工业国家经济发展的最主要动力。

铁矿石的运输量仅次于石油，约占世界海运总量的 8%以上，居干货运输首位。铁矿石是钢铁工业的主要原料，伴随着世界钢铁工业的发展，铁矿石贸易海运量迅速增加。

煤是动力燃料，也是钢铁、化学工业的重要原料。世界 58%的煤炭资源分布在亚洲，30%分布于北美，8%分布在欧洲，其他各洲共计 4%，其中以俄罗斯、中国和美国煤炭资源最为丰富。

谷物运输约占世界海运总量的 6%左右。目前世界谷物一半以上是由人口仅占世界 1/4 的发达国家所生产，五大谷物出口国是美国、加拿大、澳大利亚、阿根廷和法国，占世界谷物出口量的 90%。

（二）太平洋航区

太平洋沿岸经济较为发达，是世界上重要的海运大洋。目前的海运总量虽不如大西洋，但其航运发展速度将超过其他几个大洋，世界航运重点正从西方转移至东方。主要航线有以下几条。

1．远东——北美西海岸

走向：中国、日本、韩国、俄罗斯远东地区——横渡太平洋——美国、加拿大、墨西哥等北美西海岸各港

注意点：从我国的沿海各港出发，偏南的经大隅海峡进入太平洋，偏北的经对马海峡进入太平洋，中途经过夏威夷群岛，到达北美西海岸。

为避免北太平洋夏季的海雾和冬季的风暴，这条航线夏季偏北，冬季南移。

实　例	Dalian, China——Long Beach, US 大连，中国——长滩，美国
	Vancouver, Canada——Nagoya, Japan 温哥华，加拿大——名古屋，日本

2．远东——加勒比海、北美/南美东海岸

走向：中国、日本、韩国、俄罗斯远东地区——横渡太平洋——巴拿马运河——北美/南美东海岸

实　例	Busan, Korea——Charleston, US 釜山，韩国——查尔斯顿，美国
	Savannah, US——Vladivostok, Russia 萨凡纳，美国——符拉迪沃斯托克（海参崴），俄罗斯

3．远东——南美西海岸

注意点：从我国各港口出发的船只多经琉球群岛、威克岛、夏威夷群岛之南穿越赤道进入南太平洋，到达南美西海岸各港，中途可停经苏瓦、帕皮提等。

实　例	Qingdao, china——Iquique, chile 青岛，中国——伊基克，智利
	valparaiso, chile——Osaka, japan 瓦尔帕莱索，智利——大阪，日本

4．远东——东南亚

注意点：东海、台湾海峡、巴士海峡、南海是本航线船只的必经之路，航线繁忙。本航线也是远东的货船经马六甲海峡去印度洋、大西洋的主要航线。

实　例	Yokohama, Japan——Port Kelang, Malaysia 横滨，日本——巴生港，马来西亚
	Singapore——Tianjin, China 新加坡——天津，中国

5．远东——澳大利亚、新西兰

（1）远东——澳大利亚东海岸、新西兰

注意点：从远东出发的船舶一般经琉球群岛，进入所罗门海、珊瑚海、塔斯曼海，

到达目的地；集装箱船则一般经南海、苏拉威西海、班达海、阿拉弗拉海、托雷斯海峡、珊瑚海、塔斯曼海，到达目的地。

实　例	Hongkong——Sydney, Australia 香港——悉尼，澳大利亚
	Auckland, New Zealand——Kaohsiung 奥克兰，新西兰——高雄

（2）远东——澳大利亚西海岸

注意点：从远东出发的船舶一般经民都洛海峡、望加锡海峡、龙目海峡，进入印度洋后到达目的地。

实　例	Perth, Australia——Kobe, Japan 珀斯，澳大利亚——神户，日本

6．澳大利亚、新西兰——北美西/东海岸

（1）澳大利亚、新西兰——北美西海岸

注意点：一般经苏瓦、火奴鲁鲁等航站。

实　例	Brisbane, Australia——Seattle, US 布里斯班，澳大利亚——西雅图，美国

（2）澳大利亚、新西兰——北美东海岸

注意点：一般经帕皮提，过巴拿马运河到达目的地。

实　例	Jacksonville, US——Melbourne, Australia 杰克逊维尔，美国——墨尔本，澳大利亚

（三）印度洋航区

该航区的航线可以将大西洋和太平洋连接起来，因此经过的航线众多，其中尤以石油等大宗货物的海运为主。

船舶在印度洋活动的主要区域位于南纬 30 度以北的海域，这一区域气温较高，平均气温 20～26 摄氏度，赤道以北的区域最高气温可达 29 摄氏度以上。主要航线有以下几条。

1．波斯湾——好望角——西欧、北美

2．波斯湾——东南亚——远东

注意点：20 万载重吨以下船舶可走马六甲海峡至远东，特别是日本；20 万载重吨以上船舶需走龙目、望加锡海峡至远东，特别是日本。

实　例	Bahrain——Tokyo, Japan 巴林——东京，日本
	Ningbo-Zhoushan, China—— Abadan, Iran 宁波-舟山，中国——阿巴丹，伊朗

3．波斯湾——苏伊士运河——地中海——西欧、北美

4．远东——东南亚——东非

实　例	Shanghai, China——Durban, South Africa 上海，中国——德班，南非

5．远东——东南亚——好望角——西非——南美

实　例	Shenzhen,China——Monrovia,Liberia 深圳，中国——德班，南非

6．澳大利亚、新西兰——波斯湾

实　例	Wellington, New Zealand——Dammam, Saudi Arabia 惠灵顿，新西兰——达曼，沙特阿拉伯

7．澳大利亚、新西兰——苏伊士运河——地中海——西北欧

实　例	Fremantle, Australia——Barcelona, Spain 弗里曼特尔，澳大利亚——巴塞罗那，西班牙

（四）北冰洋航区

本航区所处纬度较高，冬季洋面冻结范围达85%以上，夏季浮冰覆盖的洋面也达60%，因此航运不发达。主要航线有摩尔曼斯克——伦敦。

注意点：挪威海和巴伦支海西南部，全年可通航。

练一练

在世界地图上查找出以海运主要航线所举实例的大致走向。

实　例	Murmansk, Russia——London, UK 摩尔曼斯克，俄罗斯——伦敦，英国

四、国际集装箱运输

（一）国际集装箱运输的优势

集装箱运输就是以集装箱为运送单位进行货物运输的一种先进的现代化运输方式。与传统的运输方式相比，集装箱运输具有运输效率高、经济效益好等特点，从20世纪50年代中期应用于海洋运输以来，得到了飞速发展，现已成为国际贸易货物运输中最重要的运输方式，世界主要航线已实现集装箱化。集装箱运输的飞速发展是与其巨大的优越性分不开的。集装箱运输的优势有以下几点。

1．提高装卸效率，减轻劳动强度

集装箱运输扩大了运输单元，规范了单元尺寸，为实现货物的装卸和搬运机械化提供了条件，机械化乃至自动化的发展明显提高了货物装卸和搬运的效率。例如，在港口普通码头上装卸件杂货船舶，装卸效率一般为35吨/小时，并需配备装卸工人约17名，而采用集装箱运输，一台桥吊的工作效率可达50标准箱/小时，按每个集装箱载货10吨计，生产效率已达400～500吨/小时，而配备的装卸工人最多只需4名，工效提高了几

十倍。在提高装卸效率的同时，工人的体力劳动强度大幅度降低，而对作业人员的知识和技能要求则在不断提高。

2．减少货损货差，提高货运质量

采用件杂货运输方式时，货物在运输和保管过程中不易保护，尽管也可采取一些措施，但货损货差情况仍较严重，特别是在运输环节多、品种复杂的情况下尤其如此。采用集装箱运输方式后，由于集装箱箱体强度高、水密性好，能对内装的货物进行有效地保护。从发货人装箱、铅封到收货人收货，一票到底，既能防止恶劣天气侵袭箱内货物，又有利于防止盗窃。因此，在货物的整个搬运、装卸和保管过程中不易损坏，也不易产生缺失事故，货物的完好率大大提高。据统计，用火车车皮装运玻璃器皿的破损率高达30%，改用集装箱运输后，破损率下降到5%以下。

3．加快车船周转，提高运输能力

集装箱化给港口、集装箱堆场和货运站的货物装卸、堆码的全机械化和自动化创造了条件。标准化的货物单元使装卸搬运变得简单和有规律，在作业过程中能充分发挥装卸搬运机械设备的能力，便于实现自动控制的作业过程。机械化和自动化可以大大缩短车船在港站停留时间，加快货物的送达速度。同时，集装箱运输方式减少了运输中转环节和收发货的交接手续，方便了货主，提高了运输服务质量。一般件杂货船的装卸时间往往是几天甚至一周以上，而集装箱船的装卸时间有时只需十几个小时。

4．节省包装费用，简化理货手续

集装箱箱体作为一种能反复使用的包装件，虽然一次性投资较高，但与普通包装方式相比，其单位货物运输分摊的包装费用反而较低。例如，采用集装箱装运电视机可比原先件杂货运输节省包装费用约50%。在运输场站，由于集装箱对环境要求不高，这就节省了场站在仓库方面的投资。由于件杂货包装单元较小，形状各异，理货核对较为困难。而采用标准集装箱，理货时按箱清点，大大节省了检查时间，同时也节约了理货费用。此外，集装箱运输也促使许多货物的包装标准与国际标准集装箱相适应，推动了货物包装的标准化。

5．减少营运费用，降低运输成本

除了节省车船运输费用外，由于采用统一的货物单元，使换装环节设施的效能大大提高，从而降低了装卸成本。从总费用上分析，由于加快了货物的送达速度，减少货损、货差，节省包装费用和仓储费用，集装箱运输的全程费用比较低廉。同时，采用集装箱运输方式，货物运输的安全性明显提高，使保险费用有所下降。据统计，英国在大西洋航线上开展集装箱运输后，运输成本仅为普通件杂货船的1/9。

议一议

国际集装箱运输的优势。

6．简化货运手续，便于多式联运

随着集装箱作为一种标准运输单元的出现，使各种运输工具的运载尺寸向统一的满足集装箱运输需要的方向发展。因此，根据标准化集装箱设计的各种运输工具将使换装环节变得更加便利。集装箱运输最适于组织多式联运。集装箱作为运输单元，由一种运输方式换装到另一种运输方式时，只需搬移集装箱而不需移动箱内货物，这就大大简化和加快了换装作业。此外，由于集装箱具有坚固和密封的特点，一国的口岸监管部门检验加封放行后，另一国的口岸监管部门只需验封，即可转关放行，这就简化了货物过境报关手续，使迅速、安全、价廉的“门到门”运输成为可能。

（二）国际集装箱运输的主要航线和港口

世界上规模最大的三条集装箱航线是远东——北美航线，远东——欧洲、地中海航线和北美——欧洲、地中海航线。这三条航线将当今全世界人口最稠密、经济最发达的三个板块——北美、欧洲和远东联系了起来，三大航线的集装箱运量占了世界集装箱水路运量的 50%以上。

1．远东——北美航线

远东—北美航线也称为泛太平洋航线，实际上又可分为以下两条航线。

（1）远东——北美西海岸航线。这一航线涉及的国家和地区包括亚洲的中国、日本、韩国、中国香港和中国台湾地区以及北美的美国和加拿大西海岸地区。这两大区域经济总量巨大，人口特别稠密，贸易量很大。近年来，随着中国经济总量的稳定增长，这条航线的集装箱运量越来越大。目前，仅上海港往来于美国西海岸的集装箱班轮航线就多达四十余条。这条航线涉及的主要集装箱港口见表 4-3，4-4。

表 4-3　亚太、印度洋地区主要集装箱港口

港口英文名	国家英文名	港口中文名	国家中文名	区　域
KOBE	JAPAN	神户	日本	远东
OSAKA		大阪		
YOKOHAMA		横滨		
TOKYO		东京		
NAGOYA		名古屋		
BUSAN	KOREA	釜山	韩国	
KWANGYANG		光阳		
INCHON		仁川		
HONGKONG	CHINA	香港	中国	
KAOHSIUNG		高雄		
SHANGHAI		上海		
SHENZHEN		深圳		
NINGBO-ZHOUSHAN		宁波-舟山		
QINGDAO		青岛		
TIANJIN		天津		
GUANGZHOU		广州		
XIAMEN		厦门		
DALIAN		大连		
SINGAPORE	SINGAPORE	新加坡	新加坡	东南亚
PORT KELANG	MALAYSIA	巴生港	马来西亚	
TANJUNG PELEPAS		丹戎帕拉帕斯		
TANJUNG PRIOK*	INDONESIA	丹戎不碌*	印度尼西亚	
LAEM CHABANG	THAILAND	林查班	泰国	
BANGKOK		曼谷		
MANILA	PHILIPPINES	马尼拉	菲律宾	

（续）

港口英文名	国家英文名	港口中文名	国家中文名	区　域
MELBOURNE	AUSTRALIA	墨尔本	澳大利亚	澳东
SYDNEY		悉尼		
BRISBANE		布里斯班		
COLOMBO	SRI LANKA	科伦坡	斯里兰卡	孟加拉湾
NEHRU	INDIA	尼赫鲁	印度	阿拉伯海
DUBAI	UAE	迪拜	阿联酋	波斯湾
JEDDAH	SAUDI ARABIA	吉达	沙特阿拉伯	

注： TANJUNG PRIOK*丹戎不碌*港是 JAKARTA 雅加达港的外港。

表 4-4　北美西海岸主要集装箱港口

港口英文名	国家英文名	港口中文名	国家中文名	区　域
VANCOUVER	CANADA	温哥华	加拿大	北美西海岸
LOS ANGELES	US	洛杉矶	美国	
LONG BEACH		长滩		
SEATTLE		西雅图		
TACOMA		塔科马		
OAKLAND		奥克兰		

（2）远东——北美东海岸航线。在这条航线上，有的船运公司开展的是“钟摆式”航运，即不断往返于远东和北美东海岸之间；有的则是经营环球航线，即从远东出发，东行线为：太平洋——巴拿马运河——大西洋——地中海——苏伊士运河——印度洋——太平洋；西行线则反向而行。同时，这条航线将波斯湾地区也串联了起来。这条航线涉及的北美东海岸主要集装箱港口见表 4-5（其中远东港口见表 4-3）。

表 4-5　北美东海岸主要集装箱港口

港口英文名	国家英文名	港口中文名	国家中文名	区　域
MONTREAL	CANADA	蒙特利尔	加拿大	北美东海岸
HALIFAX		哈利法克斯		
NEW YORK-NEW JERSEY	US	纽约-新泽西	美国	
CHARLESTON		查尔斯顿		
NORFOLK		诺福克		
SAVANNAH		萨凡纳		
JACKSONVILLE		杰克逊维尔		
MIAMI		迈阿密		
HOUSTON		休斯敦		
NEW ORLEANS		新奥尔良		

2．远东——欧洲、地中海航线

远东——欧洲、地中海航线也称为欧地线，实际上又可分为以下两条航线。

（1）远东——欧洲航线。这一航线是世界上最古老的定期航线。航线大量采用了大型高速集装箱船，组成了大型国际航运集团开展运输。这条航线将中国、日本、韩国和东南亚的许多国家与欧洲联系起来，贸易量与货运量十分庞大。与这条航线配合的，还有西伯利亚大陆桥、新亚欧大陆桥等欧亚之间的大陆桥集装箱多式联运。这条航线涉及的主要集装箱港口见表 4-6（其中远东港口见表 4-3）。

表 4-6　西欧主要集装箱港口

港口英文名	国家英文名	港口中文名	国家中文名	区　域
ROTTERDAM	THE NETHERLANDS	鹿特丹	荷兰	西欧
HAMBURG	GERMANY	汉堡	德国	
BREMEN		不来梅		
ANTWERP	BELGIUM	安特卫普	比利时	
SOUTHAMPTON	UK	南安普顿	英国	
FELIXSTOWE		费利克斯托		

（2）远东——地中海航线。这条航线由远东，经过地中海，到达欧洲。这条航线涉及的主要集装箱港口见表 4-7（其中远东港口见表 4-3）。

表 4-7　地中海主要集装箱港口

港口英文名	国家英文名	港口中文名	国家中文名	区　域
ALGECIRAS	SPAIN	阿尔赫西拉斯	西班牙	地中海
BARCELONA		巴塞罗那		
VALENCIA		瓦伦西亚		
GIOIA TAURO	ITALY	焦亚陶罗	意大利	
GENOA		热那亚		
MARSEILLES	FRANCE	马赛	法国	
PIRAEUS	GREECE	比雷埃夫斯	希腊	
MALTA FREEPORT	MALTA	马耳他自由港	马耳他	
PORT SAID	EGYPT	塞得港	埃及	

注：以上各表中港口的选取依据为近年来世界港口集装箱吞吐量排名资料（资料来源：中国港口集装箱网）。

3．北美——欧洲、地中海航线

北美——欧洲、地中海航线也称为跨大西洋航线。这条航线实际由三条航线组成，分别为：北美东海岸——欧洲航线、北美东海岸——地中海航线和北美西海岸——欧洲、地中海航线。

1．在世界地图上查找出国际集装箱运输主要航线的大致走向。

2．在世界地图上查找出世界主要集装箱港口。

这一航线将世界上最发达与富庶的两个区域联系了起来，因此各大船运公司在这一航线上集装箱水路运输方面的竞争最为激烈。这条航线涉及的主要集装箱港口见表 4-4，4-5，4-6，4-7。

五、中国对外贸易运输航线

（一）国际航运市场的重心正在向亚洲转移

全球航运业正在经历一个新的变革，其重心正在向东亚，尤其是向中国转移。据最新统计，世界上最大的 20 个集装箱班轮公司中的 13 个是亚洲公司，而这 13 家公司又控制着全球集装箱总运力的 70%。目前，在全球最重要的 20 个海运国

练一练

在世界地图上查找出中国对外贸易主要海运航线的大致走向。

家和地区中，亚洲有 9 个，占世界总载重吨的 37.7%。2008 年在世界最大的 20 个集装箱码头中，其中 14 个港口属于亚洲（新加坡、上海、香港、深圳、釜山、迪拜、广州、宁波-舟山、鹿特丹和青岛位居世界前十名）。目前，亚洲地区的液态散货和干散货的海运量也在世界上占有重要地位。亚洲地区经济和贸易的迅速发展，给亚洲海运业带来了新的发展机遇，使亚洲海运业在全球的地位得到显著提升。这些数据表明全球航运的重心正在从西方向东方转移。

中国因素已经成为国际航运市场的决定性力量。中国在全球航运重心东移的过程中，起着关键作用。中国已成为世界上第三大贸易国。中国对外贸易的迅速增长不仅带动了本国海运业的发展，也拉动了国际海运市场。中国在国际航运市场中的份额是：集装箱运量占全球 19.4%；铁矿石运量占 28.9%；煤炭占 20.2%；粮食占 10.9%；石油占 5%。中国已成为世界最大的散货海运国家。在航运市场上，中国已成为东向和西向航线如泛太平洋、欧地等航线集装箱运输的主宰。中国经济和贸易的发展已成为推动全球海运需求增长的核心动力之一。

（二）以中国作为起点，按航程的远近划分为近洋航线和远洋航线

1．近洋航线是指本国各港口至邻近国家港口的运输航线。

日本航线	到大阪 OSAKA、神户 KOBE、名古屋 NAGOYA、横滨 YOKOHAMA 等港口
韩国航线	到釜山 BUSAN、光阳 KWANGYANG 等港口
东南亚航线	到新加坡 SINGAPORE； 马来西亚的巴生港 PORT KELANG、槟城 PENANG； 泰国的曼谷 BANGKOK； 印度尼西亚的雅加达 JAKARTA、三宝垄 SEMARANG 等港口
澳大利亚、新西兰航线	到澳大利亚的悉尼 SYDNEY、墨尔本 MELBOURNE； 新西兰的奥克兰 AUCKLAND 等港口
孟加拉湾航线	到斯里兰卡的科伦坡 COLOMBO； 孟加拉的吉大港 CHITTAGONG 等港口
波斯湾航线	到巴基斯坦的卡拉奇 KARACHI； 科威特 KUWAIT； 阿联酋的迪拜 DUBAI； 沙特阿拉伯的达曼 DAMMAM 等港口

2．远洋航线是指航程距离较远，船舶航行跨越大洋的运输航线。

地中海航线	到黎巴嫩的贝鲁特 BEIRUT； 埃及的塞得港 PORT SAID； 意大利的热那亚 GENOA； 法国的马赛 MARSEILLES； 西班牙的巴塞罗那 BARCELONA 等港口

（续）

西北欧航线	到比利时的安特卫普 ANTWERP； 荷兰的鹿特丹 ROTTERDAM； 德国的汉堡 HAMBURG、不来梅 BREMEN； 法国的勒阿弗尔 LE HAVRE； 英国的伦敦 LONDON、利物浦 LIVERPOOL； 丹麦的哥本哈根 COPENHAGEN； 挪威的奥斯陆 OSLO； 瑞典的哥德堡 GOTHENBURG； 芬兰的赫尔辛基 HELSINKI 等港口
美国、加拿大航线	到加拿大西海岸的温哥华 VANCOUVER； 美国西海岸的西雅图 SEATTLE、洛杉矶 LOS ANGELES； 加拿大东海岸的蒙特利尔 MONTREAL、多伦多 TORONTO； 美国东海岸的纽约-新泽西 NEW YORK-NEW JERSEY、费城 PHILADELPHIA 等港口
南美西海岸航线	到秘鲁的卡亚俄 CALLAO； 智利的瓦尔帕莱索 VALPARAISO 等港口

模块小结

海洋运输是国际货物运输最主要的运输形式。一些地理位置优越的运河和海峡把许多主要水域联系了起来，是国际海运航线中的重要通道。世界四大洋把国际海运航线归入相互连通的四大航区。集装箱运输蓬勃发展，世界主要海运航线均已实现集装箱化，规模最大的三条集装箱航线串联起一批重要的集装箱港口。如今，全球航运业的重心正在向亚洲，尤其是向中国转移，中国对外贸易的海运航线正向世界不断延伸。

本模块用五大部分详细介绍了国际海洋运输的基本知识、国际主要的海运通道、航线及其国际主要港口、国际集装箱运输概况以及我国主要的对外贸易运输线的布局。

商务模拟实训

根据业务资料，填写海运提单、集装箱场站收据、集装箱装箱单、进口集装箱货物提货单的装货港、卸货港。

课外活动建议

1．结合本模块内容，组织学生进行快速查图练习。

2．组织学生到当地的国际货运代理公司或船运公司，调研本地区的国际海运情况及业务中的集装箱港口与航线分布。

综合练习

一、填空题

1. 海洋运输的四个要素是指__________、__________、__________、__________。

2. 海运大宗货物中的五类干散货包括__________、__________、__________、__________和__________。

3. 习惯上，我国以也门的__________港为界划分远洋航线和近洋航线。

4. 世界上规模最大的三条集装箱航线分别是__________、__________和__________。

5. 港口及所属国家中英文互译：

序　号	港口英文名	国家英文名	港口中文名	国家中文名
01			鹿特丹	荷兰
02	OSAKA	JAPAN		
03	HALIFAX	CANADA		
04			马赛	法国
05	NINGBO-ZHOUSHAN	CHINA		
06			利物浦	英国
07	LOS ANGELES	US		
08	GIOIA TAURO	ITALY		
09			科威特	科威特
10			名古屋	日本
11	BUSAN	KOREA		
12	KAOHSIUNG	CHINA		
13	DAMMAM	SAUDI ARABIA		
14			巴塞罗那	西班牙
15			伦敦	英国
16	KOBE	JAPAN		
17	TANJUNG PRIOK	INDONESIA		
18			长滩	美国
19	HOUSTON	US		
20	BREMEN	GERMANY		
21			费城	美国
22	COLOMBO	SRI LANKA		
23			大连	中国
24	PORT KELANG	MALAYSIA		
25	ANTWERP	BELGIUM		
26			费利克斯托	英国
27			瓦尔帕莱索	智利
28			横滨	日本
29	DOHA	QATAR		
30	NORFOLK	US		
31			孟买	印度

（续）

序　号	港口英文名	国家英文名	港口中文名	国家中文名
32	VANCOUVER	CANADA		
33	HAMBURG	GERMANY		
34			纽约-新泽西	美国
35	SYDNEY	AUSTRALIA		
36	TANJUNG PELEPAS	MALAYSIA		
37			光阳	韩国
38			奥克兰	新西兰
39			奥克兰	美国
40	VLADIVOSTOK	RUSSIA		
41	COLON	PANAMA		
42	MONTREAL	CANADA		
43			查尔斯顿	美国
44			香港	中国
45	DURBAN	SOUTH AFRICA		
46			尼赫鲁	印度
47	PIRAEUS	GREECE		
48	PORT SAID	EGYPT		
49	LE HAVRE	FRANCE		
50			东京	日本
51	BANGKOK	THAILAND		
52			萨凡纳	美国
53	QINGDAO	CHINA		
54			墨尔本	澳大利亚
55	SEATTLE	US		
56	SOUTHAMPTON	UK		
57	PERTH	AUSTRALIA		
58			阿尔赫西拉斯	西班牙
59	SEMARANG	INDONESIA		
60	LAEM CHABANG	THAILAND		

6．请将下表中的空格填满

序　号	运河、海峡名称	地 理 位 置	沟 通 水 域
1			太平洋—大西洋
2	英吉利海峡和多佛尔海峡		
3		欧洲西南的伊比利亚半岛和非洲西北角之间	
4	苏伊士运河		
5			黑海—地中海
6	基尔运河		
7			阿拉伯海、印度洋—红海、地中海
8	霍尔木兹海峡		
9		马来半岛和印度尼西亚苏门答腊岛之间	

二、多项选择题

1. 海运货物按能否分件划分为 ______，按所含水分不同划分为 ______。
   A. 件杂货　　B. 干货
   C. 大宗货　　D. 湿货
2. 下列货物，属于件杂货的是 ______，属于大宗货的是 ______。
   A. 20 万吨锰矿石　　B. 1 200 箱塑料玩具
   C. 180 桶液态化工品　　D. 6 万吨液体化学品
   E. 340 卷纺织品　　F. 15 万吨小麦
3. 以下 ______ 是正确的。
   A. 运河是自然形成的。
   B. 重要的运河和海峡往往能缩短航程，是国际海运的捷径。
   C. 巴拿马运河是水闸式的。
   D. 基尔运河又名“北海—波罗的海运河”。
   E. 土耳其海峡是黑海的唯一出口。
   F. 直布罗陀海峡是地中海和大西洋的唯一海上通道。
4. 目前，马六甲海峡由__________共同管理。
   A. 新加坡　　B. 泰国
   C. 马来西亚　　D. 日本　　E. 印度尼西亚
5. 以下 ______ 是沟通印度洋和太平洋的海上咽喉要道。
   A. 望加锡海峡　　B. 台湾海峡
   C. 巽他海峡　　D. 龙目海峡　　E. 巴斯海峡
6. 以下 ______ 属于从中国出发的远洋航线，______ 港口位于近洋航线。
   A. 澳大利亚、新西兰航线　　B. 波斯湾航线
   C. 南美西海岸航线　　D. 西北欧航线
   E. 日本航线　　F. 地中海航线
   G. YOKOHAMA　　H. DUBAI
   I. ROTTERDAM　　J. SEATTLE
   K. SINGAPORE　　L. GENOA
   M. BUSAN　　N. AUCKLAND

三、匹配题

1. 请将下列货运船舶的类型与其最适合装载的货物相匹配。

（1）集装箱船	（　）	A. 400 辆家用轿车
（2）散货船	（　）	B. 25 万吨原油
（3）油船	（　）	C. 600 卷冷轧钢板（每卷重 2.5 吨）
（4）LNG 船（液化天然气船）	（　）	D. 12 万吨煤炭
（5）LPG 船（液化石油气船）	（　）	E. 10 万立方米液化天然气
（6）滚装船	（　）	F. 3 个 40 英尺集装箱的鞋类制品
（7）杂货船	（　）	G. 4 万立方米液化石油气

2．请将下列海峡或运河与其称号或作用相匹配。

（1）巴拿马运河	（　　）	A．石油海峡
（2）英吉利和多佛尔海峡	（　　）	B．水上走廊
（3）霍尔木兹海峡	（　　）	C．世界水桥
（4）曼德海峡	（　　）	D．连通欧亚非三洲的重要航道
（5）苏伊士运河	（　　）	E．世界最繁忙且相互连接的海峡

四、排序题

借助世界地图，请为下列海运航线在通常情况下沿途依次经过的地理结点排序。

注：若题目含有教材中未出现过的港口，请自行查找。

1．从 TANJUNG PELEPAS, MALAYSIA 到 ALGECIRAS, SPAIN。（　　）

A．马六甲海峡　　B．印度洋
C．曼德海峡　　D．亚丁湾
E．红海　　F．苏伊士运河
G．地中海

2．从 BUENOS AIRES, ARGENTINA 到 ADEN, YEMEN。（　　）

A．亚丁湾　　B．印度洋
C．莫桑比克海峡　　D．好望角
E．大西洋

3．从 HALIFAX, CANADA 到 NAGOYA, JAPAN。（　　）

A．大西洋　　B．加勒比海
C．巴拿马运河　　D．横渡太平洋
E．莫纳海峡

4．从 HOBART, AUSTRALIA 到 ROTTERDAM, THE NETHERLANDS。（　　）

A．印度洋　　B．亚丁湾
C．苏伊士运河　　D．曼德海峡
E．红海　　F．地中海
G．直布罗陀海峡　　H．大西洋
I．英吉利和多佛尔海峡

五、航线分析题

借助世界地图，分析下列海运航线在通常情况下的大致走向，描述其沿途依次所经过的洋、海、海湾、海峡、运河等重要的地理结点。

注：若题目含有教材中未出现过的港口，请自行查找。

1．一艘集装箱船装载着 9 600 标准箱，从 SINGAPORE 开往 JACKSONVILLE, US。

2．一艘满载 10 万吨矿砂的散货船，从 PERTH, AUSTRALIA 开往 SEATTLE, US。

3．一艘装载 4 万吨水产品的冷藏船，从 VALPARAISO, CHILE 到 MOMBASA,

KENYA。

4．一艘 8 000 标准箱的集装箱船从 FELIXSTOWE, US 至 KAOHSIUNG。

5．一艘 6 800 标准箱的集装箱船从 HONGKONG 至 NEHRU, INDIA。

6．一艘装载着 3 400 标准箱的集装箱船从 MALTA FREEPORT, MALTA 开往 AUCKLAND, NEW ZEALAND。

7.一艘装载 12 万立方米液化天然气的 LNG 船，从 PHILADELPHIA, US 到 NAPLES, ITALY。

8.一艘 5 200 标准箱的集装箱船从 XINGANG, CHINA 到 BRISBANE, AUSTRALIA。

9．一艘 4 500 标准箱的集装箱船从 HELSINKI, FINLAND 至 SHANGHAI, CHINA。

10.一艘滚装船从 TOKYO, JAPAN 装上 1 000 辆汽车，卸货港为 NEW ORLEANS, US。

11．一艘装载 5 万吨水泥的散货船（船宽为 26 米），从 IQUIQUE, CHILE 到 MONTREAL, CANADA。
提示：能否通过巴拿马运河？

12．一艘杂货船（船宽为 30 米）从 MOJI, JAPAN 装上 8 万吨的废钢铁，卸货港是 SANTOS, BRAZIL。
提示：能否通过巴拿马运河？

13．一艘装载 22 万吨原油的油轮，从 KUWAIT 至 HOUSTON, US。
提示：能否通过苏伊士运河？

14．一艘油轮满载 30 万吨成品油，从 BAHRAIN 到 GOTHENBURG, SWEDEN。
提示：能否通过苏伊士运河？

15．一艘装载 17 万吨石油制品的油船从 DOHA, QATAR 开出，目的港是 NINGBO-ZHOUSHAN, CHINA。
提示：能否通过马六甲海峡？

16．一艘油船从 DUBAI, UAE 装载 25 万吨石油，开往 BUSAN, KOREA。
提示：能否通过马六甲海峡？

六、案例分析题

1. 2008 年 1 月 25 日，一艘集装箱货轮从上海装载了 2 400 标准箱开出，到青岛加载了 1 800 标准箱，经对马海峡进入太平洋，沿阿留申群岛南侧向目的港温哥华驶去。航行途中，该轮遭遇多次风暴，最终于 2 月 15 日抵达温哥华，比原船期延迟了 3 天，遭到了货主的索赔。

请问该集装箱货轮在航线走向上是否存在问题，说明理由。

2. 2008 年 3 月 20 日，一艘杂货船满载一批桶装化工品（外包装上带有“怕热”图标），船舱做过最基本的防热措施，从 FREMANTLE, AUSTRALIA 开出，到 COLOMBO, SRI LANKA 加载燃油后沿着赤道向目的港 MOMBASA, KENYA 驶去，途中货物起火造成较大损失，遭到货主索赔。

请问该轮在以上航次货运中是否存在问题，说明理由。

提示：从防热措施、途中经停或直达、航线走向三方面考虑。

七、简答题

1. 港口如何分类？

2. 航线如何分类？

3. 在国际海运中，运河和海峡起到了什么重要作用？

4. 苏伊士运河和巴拿马运河是国际海运中的两大重要运河，它们的通过能力限制分别是多少？

5. 如何理解马六甲海峡的重要性？

6. 世界规模最大的三条集装箱航线形成的原因是什么？

7. 为什么说世界航运市场的重心正在向亚洲转移？

8. 如何理解中国在全球航运重心东移的过程中所起到的关键作用？

八、填图题

1. 看题 1 图，回答下列问题。

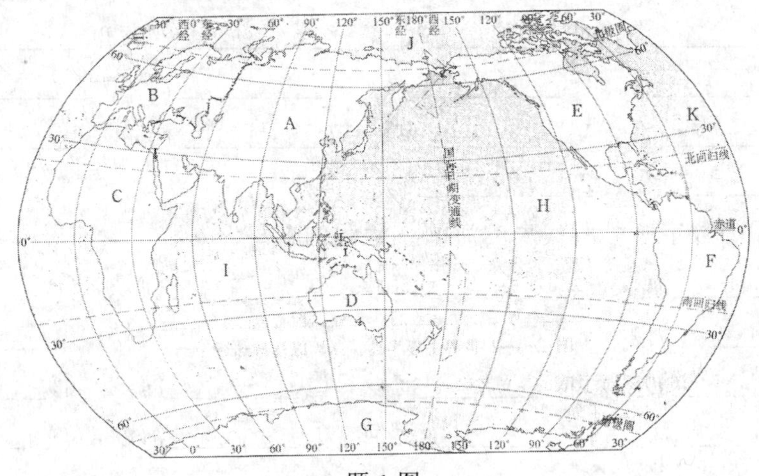

题 1 图

（1）写出图中字母 A—G 所代表的七大洲名称。

A__________洲，B__________洲，C__________洲，D__________洲，

E__________洲，F__________洲，G__________洲。

（2）H—K 代表四大洋，分别是 H__________洋，I__________洋，J__________洋，

K__________洋。

2．看题 2 图，回答下列问题。

注：若题目含有教材中未出现过的地理事物，请自行查找。

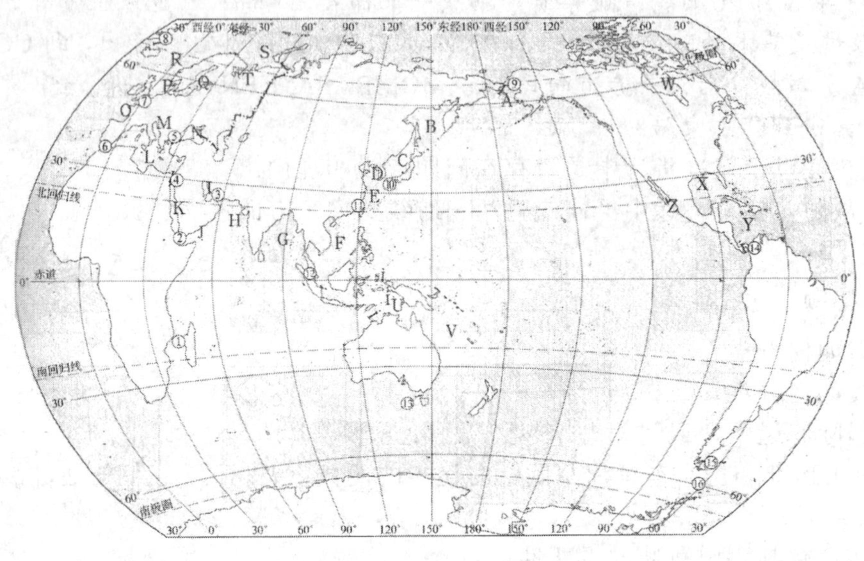

题 2 图

（1）写出图中字母所代表的海或海湾的名称。

A __________海，B __________海，C __________海，D__________海，

E __________海，F __________海，G __________湾，H__________海，

I __________湾，J __________湾，K __________海，L__________海，

M__________海，N __________海，O __________湾，P __________海，

Q __________海，R __________海，S __________海，T __________海，

U __________海，V __________海，W__________湾，X__________湾，

Y __________海，Z __________湾。

（2）写出图中数字序号所代表的海峡或运河的名称。

①__________海峡，②__________海峡，③__________海峡，④__________运河，

⑤__________海峡，⑥__________海峡，⑦__________海峡，⑧__________海峡，

⑨__________海峡，⑩__________海峡，⑪__________海峡，⑫__________海峡，

⑬__________海峡，⑭__________运河，⑮__________海峡，⑯__________海峡。

3．看题 3 图，回答下列问题。

注：若题目含有教材中未出现过的地理事物，请自行查找。

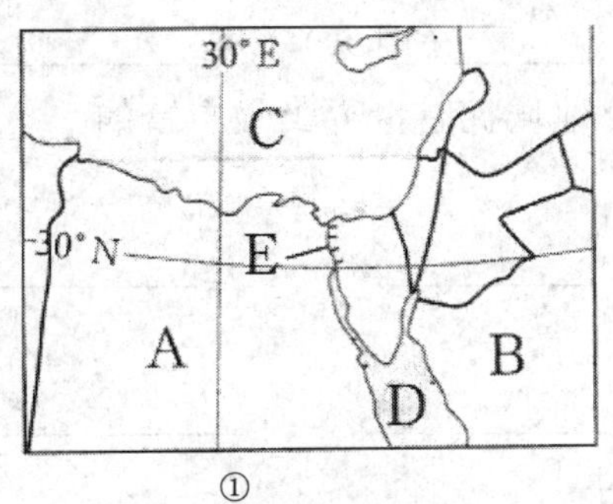

①

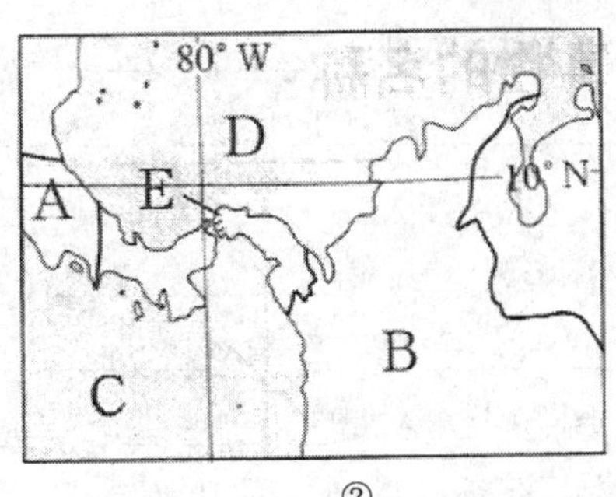

②

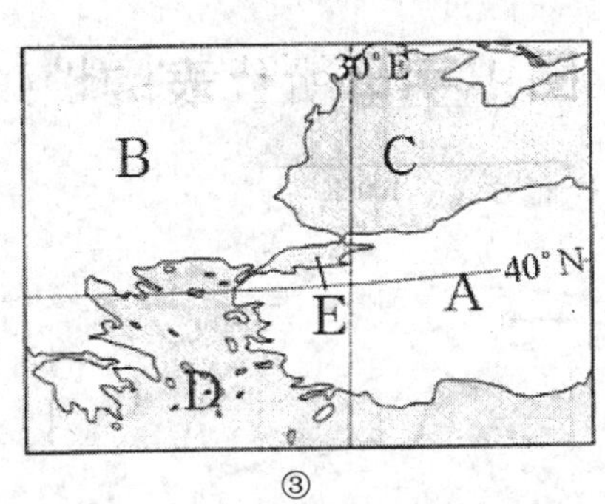

③

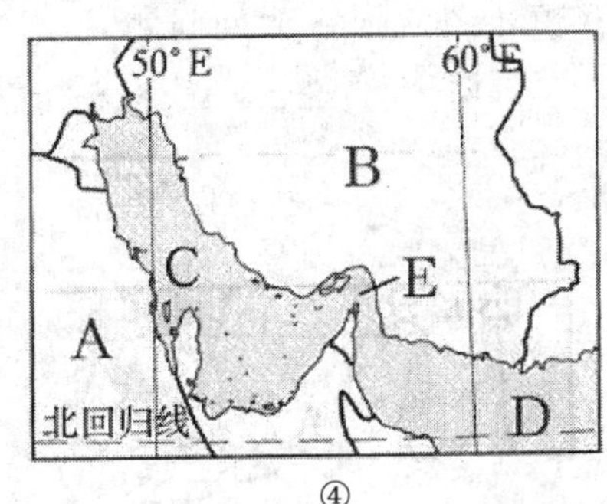

④

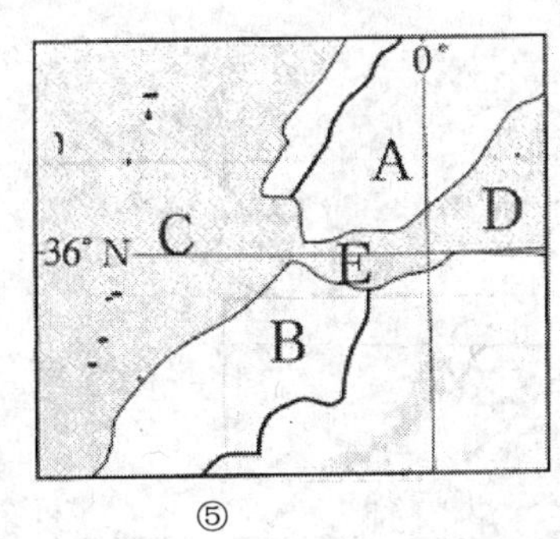

⑤

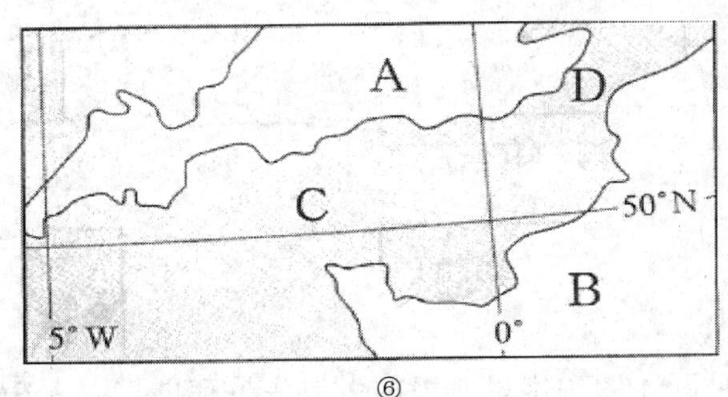

⑥

题 3 图

（1）图①中，A 是____________洲，B 是____________半岛，C 是____________海，D 是____________海，E 是____________运河，该运河属于____________（国家）所有，通过的船只必须在____________万吨（满载）以下。

（2）图②中，A 是____________洲，B 是____________洲，C 是____________洋，D 是____________海，E 是____________运河，该运河是沟通美国____________海岸和____________海岸的最近航线，但通过的船只必须小于____________万吨。

（3）图③中，A 是____________半岛，B 是____________洲，C 是____________海，D 是____________海，E 是____________海峡，该海峡由三部分构成，一是与 C 海域连

通的____________海峡，二是与D海域相通的____________海峡，中间是世界上面积最小的____________海。

(4)图④中，A是____________半岛，B是____________（国家），C是____________湾，D是____________湾，E是____________海峡，该地域拥有世界上最丰富的____________资源。

(5) 图⑤中，A是____________半岛，B是____________洲，C是____________洋，D是____________海，E是____________海峡。

(6) 图⑥中，A是____________岛，B是____________洲，C是____________海峡，D是C海峡的最狭窄处，被称为____________海峡。

4. 看题4图，回答下列问题。

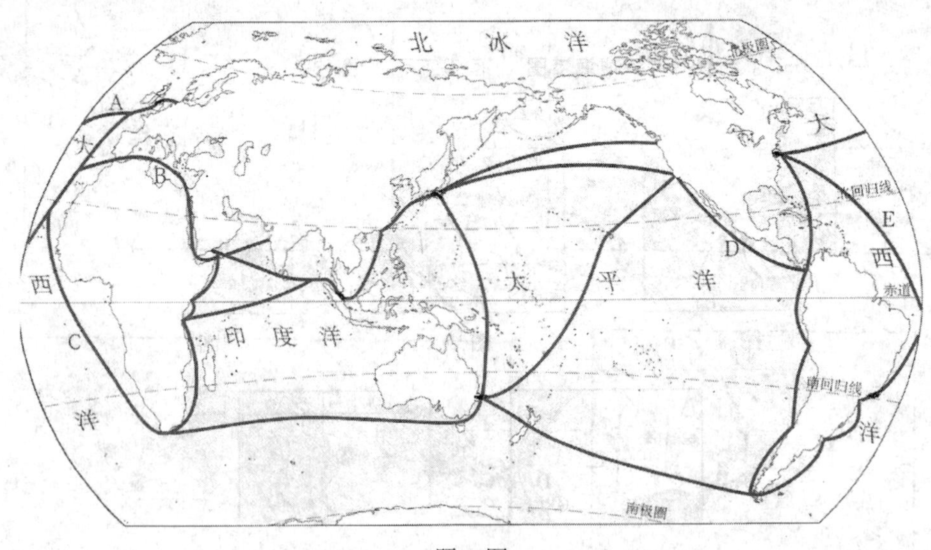

题4图

题4图中字母代表的世界主要航线中，A指西欧各港口到____________洲东海岸各港口；B指西欧各港口经____________海峡、____________海、____________运河到西亚、南亚、东亚各港口；C指西欧各港口经非洲____________到亚洲各港口；D指北美洲东海岸各港口经____________运河到北美洲西海岸各港口，特大型船只必须绕道南美洲南端的____________海峡；E指西欧和北美洲东海岸各港口到____________东海岸各港口。

5. 在题5图中画出下列海运航线在通常情况下的大致走向。

(1) 一艘3 000标准箱集装箱船（船宽32米），从LONDON, UK至LONG BEACH, US。

(2) 一艘20万吨油轮，从DUBAI, UAE至HOUSTON, US。

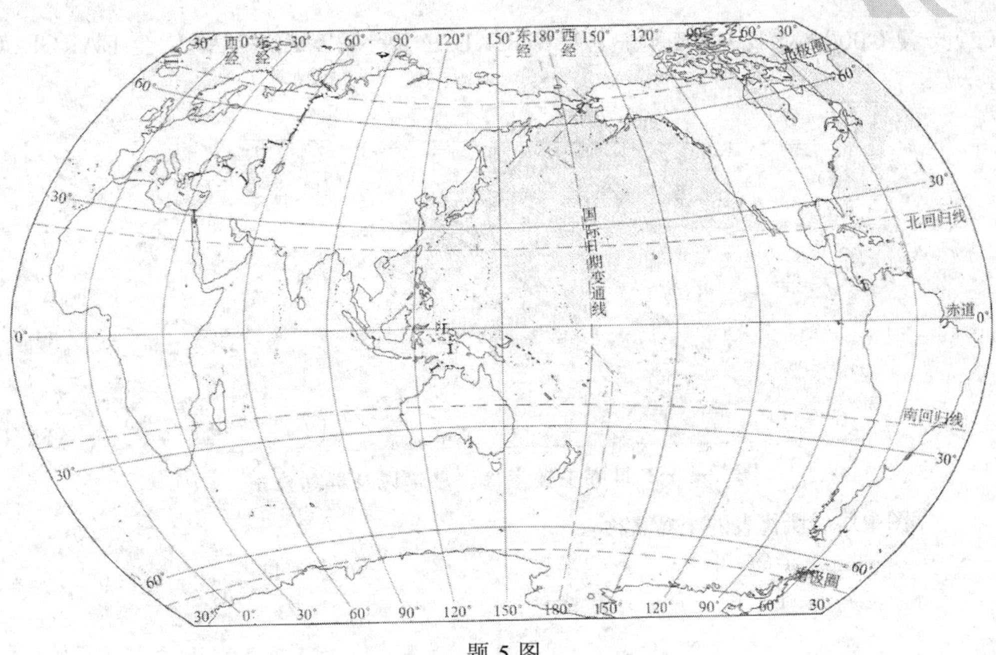

题 5 图

6．在题 6 图中画出下列海运航线在通常情况下的大致走向。

（1）一艘 10 万吨散货船，从 VALPARAISO, CHILE 至 SINGAPORE。

（2）一艘 8 000 标准箱集装箱船，从 SHANGHAI, CHINA 至 MELBOURNE, AUSTRALIA。

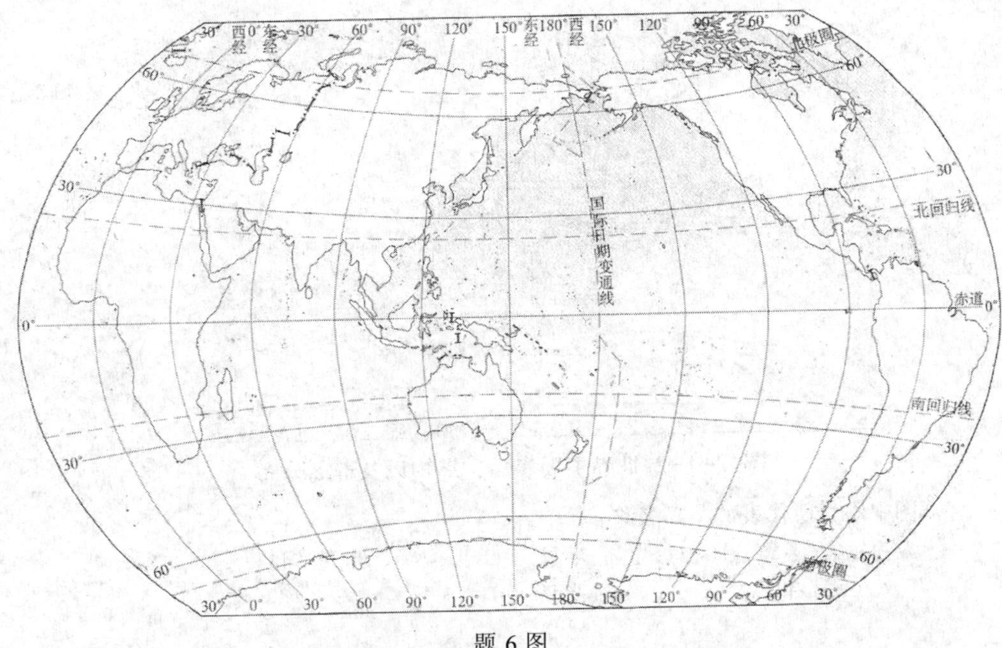

题 6 图

7．在题 7 图中画出下列海运航线在通常情况下的大致走向。

（1）一艘 30 万吨油轮，从 BAHRAIN 至 OSAKA, JAPAN。

（2）一艘 6 000 标准箱集装箱船，从 AUCKLAND, NEW ZEALAND 至 BARCELONA, SPAIN。

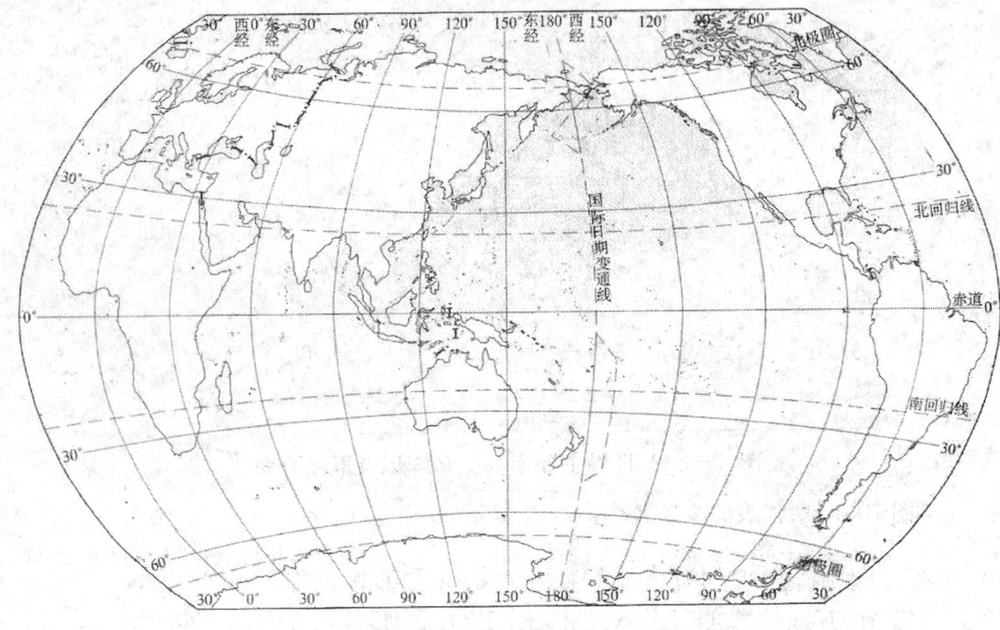

题 7 图

模块五　国际海运航线上的重要港口

学习目标

1. 熟练掌握国际海运航线上重要港口的地理位置、基本概况。
2. 能熟练填写港口的中文名称、英文拼写、所属国家、所属航线和港口代码。
3. 了解港口所在的时区。
4. 能熟练地通过多种途径查阅港口代码。
5. 本模块部分内容可选学，有※标识的为选学内容。

教学准备

1.《世界地图册》。
2. 各个重要港口所在地区的空白地图。
3. 世界海运航线 PPT、港口介绍 PPT。
4. 学时：6 学时。

学习导入

小张今年刚刚毕业，应聘来到一家货代公司。公司安排他负责订舱的业务，这一天经理交给他一项任务：一个客户要从北京向荷兰的鹿特丹发送一批服装，经理请小张为客户选择一条最佳的航线。我们来看看小张应该选择哪条航线，会经过哪些港口。

基础理论知识介绍

港口是各国外贸物资进出的门户，是海陆交通最重要的联系枢纽。目前世界大小港口约有 3 000 多个，其中用于国际贸易的大小港口约占 80%。年吞吐量在 1 000 万吨以上的有 100 多个，4 000 万吨以上的 25 个左右，亿吨级的港口约 10 个左右，本模块将按照航线的走向详细介绍部分主要港口。

一、太平洋航区的重要港口

（一）我国主要对外贸易港口（含香港、台湾）（见图 5-1）

随着我国改革开放的深入和国民经济的蓬勃发展，航运事业的发展取得了快速进步。我国海域面积约 338 万平方公里，海岸线长达 18 800 多公里，北起鸭绿江口，南至中越交界的北沧河口。沿海有许多优良海港，海面绝大部分全年不冻，这为我国发展海上运输事业提供了优越的自然条件。经过多年的建设，我国初步形成了环渤海、长江三角洲和珠江三角洲港口群为主的总体格局，港口已成为支持我国经济发展和参与全球经济一体化进程的重要战略资源。

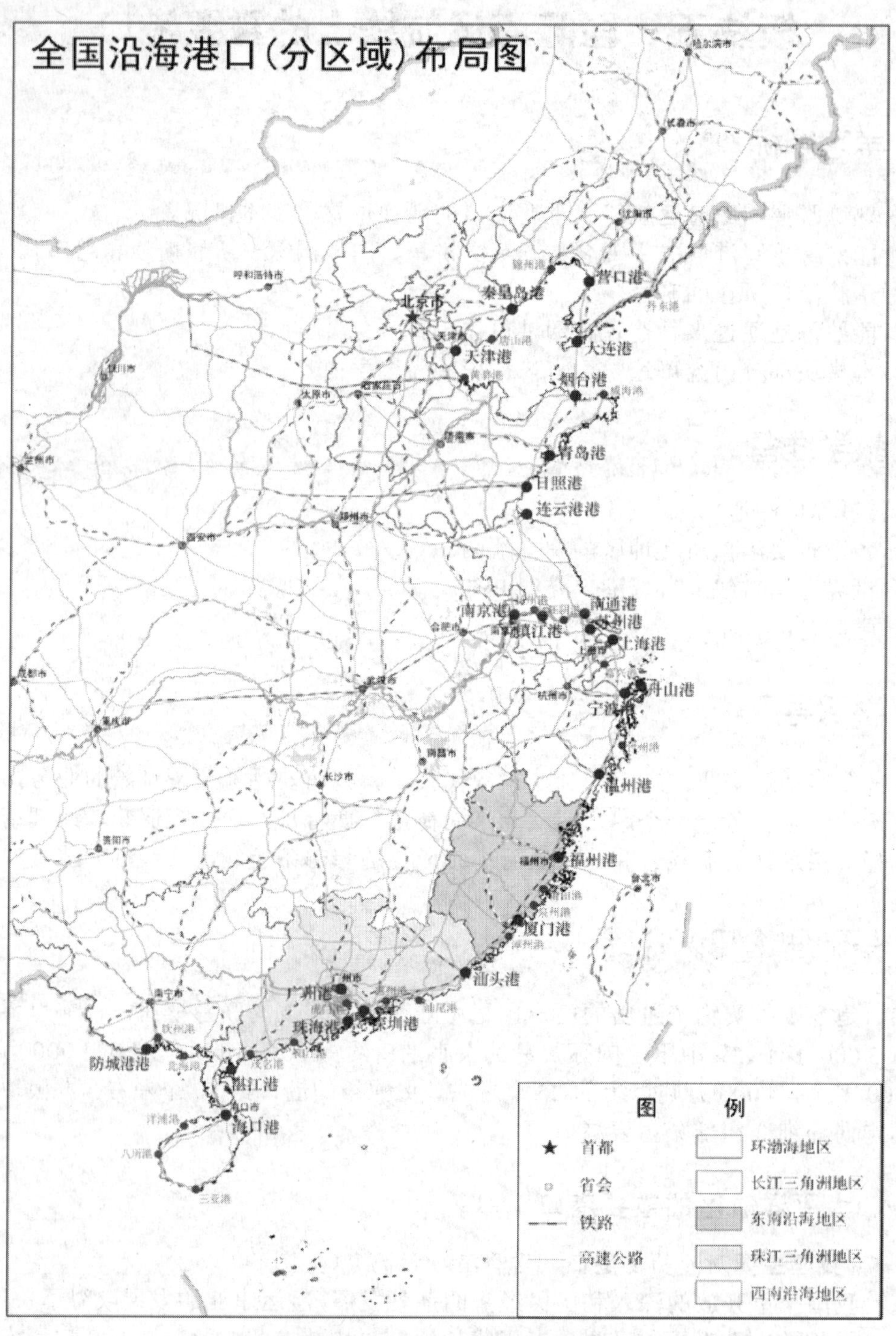

图 5-1　中国沿海港口分布图

摘自 http://www.moc.gov.cn

目前我国对外贸易进出口物资的 90%以上都是通过港口运输的。据统计，到 2008 年底，我国已经拥有 1 400 多个港口，生产性泊位 31 050 个，具备靠泊装卸 30 万吨级散货船、35 万吨级油轮、1 万标准集装箱船的能力。亿吨大港达到 16 个，7 个大陆港口进入全球港口货物吞吐量前 10 位，上海港成为世界第一大港。2008 年，全国港口货物吞吐量完成 70.22 亿吨，完成集装箱吞吐量为 1.28 亿标准箱。在全球港口货物吞吐量排名前 10 名中，我国占有 7 席，我国已成为名副其实的港口大国和海运大国。

知识链接

什么是“港口”？什么是“货物吞吐量”？

港口是指位于江、河、湖、海沿岸，具有一定设施和条件，供船舶进行作业和在恶劣气象条件下靠泊、旅客上下、货物装卸、生活物料供应等作业的地方。它的范围包括水域和陆域两部分。港口一般设有航道、港池、锚地、码头、仓库货场、后方运输设备、修理设备（包括修理船舶）和必要的管理、服务机构等。港口类型主要有商港、军港、工业港和渔港等。

货物吞吐量是指在一定时期内由水运进出港区范围，并经过装卸的货物数量，单位为吨。它是衡量港口生产任务大小的主要指标，是进行港口规划建设的依据。其货类构成及其数量和主要流向，反映该港在国内外物资交流中所起的作用。

1. 上海港

【港口英文名称】SHANGHAI PORT

【所属国家（地区）】中国（China，P.R.）

【港口代码】SHA

【时区】GMT+8

【所在位置】E121°29′ N31°15′

【港口自然情况】

风况：全年以东南风最多，西风及东北风居次，强风向为东北风；台风最大风力达 10 级，持续时间最长为 3 天，最大风速 43.9 米/秒。

降水：年平均降水量 1 110.9 毫米，年最大为 1 659 毫米，最小为 771 毫米。6、7 月份为黄梅雨季，持续约 1 个月。降雪的日子不多，雪量不大，有时终年无雪。

雾况：年平均雾日 35.7 天，大多发生在 11、12 和次年 1 月，一般在上午 10 时消散，经日不散的大雾天极少出现。

气温：年平均气温 15.8 摄氏度。1 月最低，平均 3.7 摄氏度；7 月最高，平均 27.8 摄氏度。极端最高气温达 40.2 摄氏度，极端最低气温为-12.1 摄氏度。寒潮来时，夜间虽会有霜冻或结冰，但从未发生过港区水域冰冻情况。

冰况：属全年不冻港。

【港口基础设施】

上海港港区总面积 3 618 平方公里，水域面积 3 613 平方公里，陆域面积 5 平方公里。港区岸线长度 280 公里，其中黄埔江内 120 公里，长江南岸线至杭州湾 160 公里。上海港主要由分布在长江入海口南岸的宝山、张华浜、军工路、外高桥、共青、高阳、朱家门、民生、新华、复兴、开平和东昌等港区构成。生产用堆场总面积计 177.6 万平方米，

其中煤堆场 28.3 万平方米；集装箱堆场 54.7 万平方米。各类装卸机械有 3 256 台。

目前，上海内河港区共有 3 250 个泊位，最大靠泊能力为 2 000 吨级。20 世纪 90 年代新建了罗径、外高桥一期、外高桥二期等新港区。港口经营业务主要包括装卸、仓储、物流、船舶拖带、引航、外轮代理、外轮理货、海铁联运、中转服务以及水路客运服务等。1996 年 1 月，上海国际航运中心建设正式启动。2002 年 6 月，洋山深水港区开工建设，上海港又开始从河口港向真正的海港跨越。2003 年完成货物吞吐量 3.16 亿吨，完成集装箱吞吐量 1 128.2 万标准箱，是我国大陆首个突破 1 000 万标准箱大关的港口。2005 年的货物吞吐量达 4.43 亿吨，首次超过新加坡港，成为世界第一大港。2008 年，上海港完成货物吞吐量达到约 5.8 亿吨，完成集装箱吞吐量 2 800 万标箱，成为世界第二大集装箱港口。

上海港不仅是我国大陆沿海最大的港口和世界上屈指可数的亿吨大港之一，而且也是我国重要的水上客运枢纽和主要外贸港口之一，同时还是我国完成集装箱装卸量最多的港口，更是我国最大的卸煤港。

【港区位置与交通状况】

上海港地处长江三角洲沿海与长江交汇处。以上海港为中心，北起连云港、南至温州港，西溯南京港，已形成了规模大、功能全、辐射广的长江三角洲港口群，在我国东部经济发展中具有重要的战略意义。上海港交通发达便捷，集疏运条件良好。铁路干线有京沪线和沪杭线；陆路通过 204、312、318 和 320 国道，分别通往烟台、乌鲁木齐、拉萨和昆明，并与国内其他主要公路干线相通；上海的虹桥国际机场是我国最大的航空枢纽之一，空中航线国内遍及除台湾省以外的全国 30 多个大中城市，国际航线可通往美国、日本、加拿大、法国、意大利和新加坡等国家以及香港地区等 10 多个主要城市。内河航道共有 225 条，其中通往外省市的干线航道 8 条；海上客、货运航线遍及沿海各主要港口。目前，上海港已与世界上 200 多个国家和地区的 500 多个港口有贸易运输往来，每月有 257 期航班直接通往欧洲、北美洲、非洲、大洋洲和东南亚 70 多个国家和地区的 100 多个港口，其中集装箱定期班轮航线有 12 条。上海港先后与美国的西雅图、新奥尔良，日本的大阪、横滨，比利时的安特卫普等 5 个港口结成了友好港。

2．天津港（见图 5-2）

图 5-2　天津新港港区图

【港口英文名称】TIANJIN PORT

【所属国家（地区）】中国（China，P.R）

【港口代码】TSN

【时区】GMT+8

【所在位置】E117° 42′　N38° 59′

【港口自然情况】

风况：春秋季多为西南风，夏季多为东南风，冬季多为西北风，常风向为西南向，强风向为东北向。

降水：年平均降水量 600 毫米，7、8 月份雨水较集中，占全年降水量的一半以上。

雾况：平均雾日为 14.6 天，多见于秋、冬两季。

气温：年均气温为 12 摄氏度，极端最高气温 39.9 摄氏度，极端最低气温-18.3 摄氏度。

冰况：自 12 月份到翌年 2 月份为结冰期，一般近海岸结冰厚为 5～20 毫米，通常不影响船舶航行。

【港口基础设施】

天津港由天津、塘沽和新港三个港区组成，其中天津港区分布在市区海河两岸，因河道浅，只能停靠内河船舶或小海轮；塘沽港区分布在海河河口北岸，可停靠 5000 吨级的海轮；解放后在海河口外北面建的新港为天津港的主体部分，是一个巨大的人工港，可停靠万吨级海轮。港区现有水陆域面积 200 余平方公里，其中陆域面积 37 平方公里。天津港现有主航道全长 35 公里，航道底宽 260 米，水深 15 米，10 万吨级船舶可全天候进出港，15 万吨级船舶可乘潮进出港。天津港分为北疆、南疆和海河三大港区，共拥有各类泊位 140 余个，其中本港泊位 76 个。万吨级以上泊位 55 个，其中港务局 53 个，货主码头 2 个。天津港本港泊位岸线总长 14 443 米，泊位能力为 1.04 亿吨，其中集装箱能力为 355 万标准箱。北疆港区以集装箱和件杂货作业为主；南疆港区以液体散货和干散货作业为主；海河港区以 5 000 吨级以下小型船舶的作业为主。

天津港是首都的出海门户，我国北方连接近海和远洋运输的重要港口，国际集装箱运输中心之一。它主要担负天津市、北京市和华北、西北部分地区内外贸物资运输任务。天津港已形成了以集装箱、原油及制品、矿石、煤炭为“四大支柱”，以钢材、粮食等为“一群重点”的货源结构，是环渤海地区规模最大的综合性港口。天津港是我国最大的焦炭出口港，第二大铁矿石进口港，我国北方的集装箱干线港，并已跻身全国油品大港行列。2003 年，天津港货物吞吐量完成 1.62 亿吨，实现一年净增 3 000 万吨的历史性突破，吞吐量在我国北方居第一位。天津港是我国大陆最早开展国际集装箱运输业务的港口。1973 年 9 月，天津港成功开辟了我国第一条国际集装箱航线。1980 年，天津港建成为我国第一个集装箱码头。2008 年天津港货物吞吐量达到 3.54 亿吨，集装箱吞吐量突破 850 万标箱。

【港区位置与交通状况】

天津港位于渤海湾西岸，海河的入口处，是我国最大的人工港、第二大能源输出港口，也是我国北方最大的综合性国际贸易港口。天津港地处华北水陆交通枢纽，沟通京哈、京沪两条大干线铁路。港口公路连接天津、北京及河北各地的公路网，京津塘高速公路建成后，在 500 公里范围内，集装箱“门到门”运输非常方便。航空运输有天津机场可供使用，能起落国内外各类大型飞机。海河下游航道畅通，海上可与渤海湾及全国沿海各港口相连，并有 20 多条远洋航线通往世界各地；有到日本、美国、西欧、东南亚、波斯湾、韩国和香港等国家和地区的 10 余条定期班轮航线，共计 30 多个航班。天津港目前与世界上 160 多个国家和地区的 300 多个港口有着长期运输业务往来。与日本的神户港、东京港，美国的费城港，意大利的德里亚斯特港，澳大利亚的墨尔本港结为友好港。

3．青岛港

【港口英文名称】QINGDAO PORT

【所属国家（地区）】中国（China，P.R.）

【港口代码】QIN

【时区】GMT+8

【所在位置】E120° 19′ N36° 04′

【港口自然情况】

风况：夏季多南风及东南风，冬季多北风及西北风。每年大于 7 级以上大风天约 8 天；台风每年约发生 1～2 次，对港口影响甚小。

降水：年平均降水量 768.7 毫米，主要集中在 6～9 月，占年降水总量的 71%，尤以 7 月、8 月为最多。

雾况：年平均雾日 51.6 天，每年 4～7 月为最多，对航运、生产影响不大

气温：年平均气温为 12.1 摄氏度，极端最高气温 35.4 摄氏度，极端最低气温-16 摄氏度。

【港口基础设施】

青岛港是国家特大型港口，由青岛老港区、黄岛油港区、前湾新港区三大港区组成。港口拥有码头 15 座、泊位 73 个，其中营运码头 13 座、营运泊位 49 个。万吨级以上泊位 32 个，可停靠 5 万吨级船舶的泊位 6 个，可停靠 10 万吨级船舶的泊位 6 个，可停靠 30 万吨级船舶的泊位 2 个。2008 年青岛港港口吞吐量达到 3 亿多吨，已成为总吞吐量排名世界第七的大港。青岛港主要从事集装箱、煤炭、原油、铁矿和粮食等各类进出口货物的装卸服务和国际国内客运服务，与世界上 130 多个国家和地区的 450 多个港口有贸易往来，是太平洋西海岸重要的国际贸易口岸和海上运输枢纽。

【港区位置与交通状况】

青岛港位于山东半岛东南部的胶州湾内。老港区在胶州湾东岸，新港区在胶州湾西南部的黄岛前湾。水上可与全国沿海各港及世界各大洲通航，各港码头均有铁路相连，环胶州湾高等级公路与济青高速公路相接。水路距连云港 107 海里，烟台港 238 海里，上海港 404 海里，天津港 460 海里，宁波港 516 海里，黄埔港 1 169 海里。客运有至上海、大连及广州的三条定期客班轮航线，并有国外旅游船不定期来港。1993 年增辟了至韩国仁川港的客货集装箱班轮航线。公路有国家干线 204（烟台—上海）、308（青岛—石家庄）、309（荣成—兰州）公路通过。青岛市境内有多条省干线公路向周围辐射。

4．大连港（见图 5-3）

【港口英文名称】DALIAN PORT

【所属国家（地区）】中国（China，P.R.）

【港口代码】DLC

【时区】GMT+8

【所在位置】E121°39′ N38°55′

【港口自然情况】

图 5-3 大连港码头

风况：以北风和西北风为最多、最强烈，风力最大可达 12 级。春夏为多南风和东南风，秋冬多为北风、西北风。

降水：常年降雨量为 600 多毫米，7、8、9 月是全年降雨量最多的月份，约占全年降雨量的 2/3。

雾况：每年入春以后 3～8 月多雾，一般多在早晨。7 月份雾最多，持续时间也较长，对港内航行稍有影响，9 月份后逐渐减少。

气温：年平均气温 10 摄氏度，7 月气温最高，月平均气温为 24 摄氏度，最高气温达 35.7 摄氏度；1 月份气温最低，月平均气温为-5～15 摄氏度，最低气温为-20 摄氏度，冬季长达 6 个月。

冰况：属于不冻港，但每年 1～3 月初为冰冻期，大连湾和大窑湾岸边的结冰厚度分别为 5～20 厘米和 25～30 厘米，但不影响船舶航行靠泊。

【港口基础设施】

大连港现在是我国东北地区主要的进出口岸，是我国第二大集装箱中转港口，已具备装卸存储、中转换装、多式联运、运输代理、通信信息和生活服务六大功能。港区自然岸线长 145 公里，码头岸长 13 000 米，泊位 65 个，最大靠泊能力为 15 万吨级，有库场面积 136.4 万平方米，拥有各种装卸机械 1 041 台，2003 年货物吞吐量已达 1.42 亿吨，集装箱已达 166 万标准箱，拥有各种作业船 50 多艘，已成为具有国际水平的大港。大连港已拥有内外贸集装箱班轮航线 64 条。其中，外贸航线 55 条，具体包括远洋干线 8 条、日本航线 22 条、韩国航线 12 条；东南亚、中国香港、中国台湾等近洋航线 7 条；内贸支线 6 条。

大连港进出口的主要货物有：石油、粮食、金属矿石、钢铁、煤炭、船舶、机械、杂货和土特产品等。大连港腹地辽阔，背靠东北平原和内蒙古地区，物产资源丰富。东北三省及内蒙东部地区不仅是我国航空、石油、钢铁、机电、运输动力机械、大型船舶、矿山冶金设备、机床以及轻工业基地，而且是我国森林资源、商品粮和畜牧产品的重要基地。因此，大连的对外贸易有着雄厚、广阔的大后方。目前，我国东北地区每年 90%以上的出口物资是

通过大连运往全国和世界各地的。截至 2008 年底，大连港货物吞吐量达 1.85 亿吨；集装箱吞吐量实现 450 万标箱。

【港区位置与交通状况】

大连港位于我国辽东半岛南端，东临黄海，西临渤海，扼黄海、渤海之咽喉，南隔渤海海峡，与山东半岛的蓬莱港遥遥相望，是我国东北地区通往关内和国外的海上大门和交通枢纽；同时又是我国东北与华北的海防前哨，占有十分重要的战略地位。大连不仅是辽宁省的外贸中心，也是东北、内蒙地区外贸的唯一出海口。大连是我国对外开放的重要港口城市，东北亚重要的国际航运中心，素有“东方良港”和“北方香港”之美称，也是镶嵌在黄海与渤海之间的一颗璀璨明珠。由于大连地处欧亚两大洲海陆联运的要冲，所以它不仅是一个重要的国际贸易转口港，也是欧亚大陆桥国际集装箱运输的中转港口，还是当前我国沿海四大海区正在建设中的东北亚国际航运中心，在战略上具有十分重要的位置。

目前，大连港已与日本的北九州港、横滨港，美国的奥克兰港、休斯敦港，加拿大的温哥华港，俄罗斯的符拉迪沃斯托克港以及国内的深圳港缔结了友好港口关系。

5．广州港

【港口英文名称】GUANGZHOU PORT

【所属国家（地区）】中国（China，P.R.）

【港口代码】CAN

【时区】GMT+8

【所在位置】E113° 36′　N23° 36′

【港口自然情况】

风况：每年 4～8 月多东南风，9 月至次年 3 月多东北风，热带气旋多产生在 5～11 月份，风力一般为 6～9 级，阵风可达 10～11 级。

降水：年平均降水量为 1 720 毫米，多集中于 4～8 月间，约占全年降水量的 60%。

雾况：冬末春初偶尔有雾，但历时短，年平均雾日数 25 天，多出现于拂晓至上午 9 时之间，一般日出即散。

气温：年平均气温 21.9 摄氏度，历年最高为 38.7 摄氏度，历年最低为 0 摄氏度。

【港口基础设施】

港区分为虎门港区、新沙港区、黄埔港区和广州内港港区，广州港现有码头泊位 912 个，长度 51 272.18 米，生产用码头泊位 694 个，长度 38 467.18 米，其中万吨级 41 个，包括 3.5 万吨级以上码头泊位 17 个。广州港主要从事石油、煤炭、粮食、化肥、钢材、矿石、集装箱等货物装卸和仓储、货物保税业务以及国内外货物代理和船舶代理；代办中转、代理客运；国内外船舶进出港引航、水路货物和旅客运输、物流服务等。截至 2008 年底，广州港拥有万吨级以上码头泊位 63 个，大型深水集装箱码头泊位 10 个，年吞吐货物量 3.4 亿吨，居全国第四位、世界第六位，集装箱吞吐量突破 1 100 万标箱，居世界第七位。

【港区位置与交通状况】

广州港濒临南海，毗邻香港、澳门，和深圳、珠海经济特区相邻，部分港区座落或分布在广州经济技术开发区范围内，属广东省广州市辖境。广州港既是华南地区最大的国际贸易港，又是珠江三角洲水网运输中心和水陆运输枢纽，是我国对外贸易的主要口岸和华南最大的国际港口。广州港国际海运通达 80 多个国家和地区的 300 多个港口，并与国内 100 多个港口通航，港口交通便利，铁路有京广、广九、广湛线与全国主干铁路相连。广州白云国际机场已开辟国内、国际航线 30 条左右，来往于全国主要大中城市及香港、曼谷、马尼拉、新加坡、悉尼、墨尔本和吉隆坡等地的航班可完成各类货物航空运输。广州港已先后与美国的巴尔的摩港、洛杉矶港，澳大利亚的悉尼港，加拿大的温哥华港结为友好港。

6．香港港

【港口英文名称】HONG KONG PORT

【所属国家地区】中国（China，P.R.）

【港口代码】HKG

【时区】GMT+8

【所在位置】N 22° 18′　E114° 09′

【港口自然情况】

港口由香港岛、九龙、半岛、新界和大壕州岛等围成。港界东起鲤鱼门，西达青衣岛，东南至青州一线，水域东西长约 7 海里，南北 0.7～2.7 海里，面积 49 平方公里，西南还有长州、喜灵洲和南丫岛屿围绕。水域风平浪净，潮差小，岸壁坚硬，回淤少，大部分水域水深 8～12 米，船舶可从东航道鲤鱼门入港，也可由西航道汲水门以及南航道薄寮海峡入港。该港属亚热带季风气候，盛行北风和东风。年平均气温为 22.8 摄氏度，最高到 33 摄氏度，最低为 8 摄氏度，每年 12 月至次年 4 月为雾季，月平均有 4～5 天，全年平均降雨量约 2 200 毫米。潮汐属不正规半日混合潮型，日潮不等现象显著，平均高潮 2.2 米，低潮 0.6 米。

【港口基础设施】

香港港有 15 个港区：香港仔、青山（屯门）、长洲、吉澳、流浮山、西贡、沙头角、深井、银矿湾、赤柱（东）、赤柱（西）、大澳、大埔、塔门和维多利亚。其中维多利亚港区最大，掩护条件良好。港区的集装箱编组场地达 15 万平方米，青衣油码头最大可靠 12 万载重吨的油船；煤码头每天可卸煤 1.5 万吨。另外还有糖仓、冷冻及危险品等专用仓库。香港港有 72 个远洋船系船浮筒，57 个为台风时系船浮筒。此外，还有香港当局和私人的系船浮筒 2 000 多个。香港港口设施有葵涌、昂船洲货柜码头的停泊处，总长 6 000 米；公众货物装卸区的停泊处，总长 7 750 米，以及 58 个远洋船系泊浮标。助航信息港口设置航标 290 个，许多航标都装有雷达反射器，甚至高频电话昼夜开放。该港主要进口货物为粮食、石油、木材、生产设备、半成品、燃料及工业原料等大宗货物，出口货物主要有成品、钻石、服装及杂货等，其中钟表、成衣、塑料花、手电筒、蜡烛、玩具等货物出口位居世界前列。香港之所以被誉为“东方之珠”，其中一个重要原因是它扮演着世界航运中心的角色。这个仅有 1 065 平方公里的弹丸之地，连续多年摘下世界最大集装箱港口的桂冠。

【港区位置与交通状况】

香港位于中国南部沿海珠江口外东侧，包括香港岛，九龙半岛及新界三部分。现为世界最大的集装箱中转港，是全球最繁忙和效率最高的国际货柜港，也是全球供应链上的主要枢纽港。港口是香港特区的经济命脉之一，处理的货运量 80%经由港口处理。2008 年集装箱吞吐量为 2 424 万箱，在新加坡、上海港之后，名列世界集装箱港口第三位。其中，葵涌集装箱码头的吞吐量占全港口吞吐量的 73%。其余集装箱则是在中流作业区、内河货运码头、公众货物起卸区、浮标和碇泊处及其他私人货仓码头处理。香港背靠祖国大陆，处于亚洲航运和国际贸易的有利中心位置，海陆空交通发达。香港国际机场（启德机场）有停机坪 30 多个，可供巨型飞机升降，并可日夜通航，几乎每 2 分钟就有 1 架飞机飞往世界各地。

（二）东亚地区的主要对外贸易港口

1. 釜山港

【港口英文名称】PUSAN PORT

【所属国家（地区）】韩国

【港口代码】PUS

【时区】GMT+9

【所在位置】N35° 06′　E129° 02′

【港口性质】海峡港、基本港

釜山港位于韩国东南沿海，东南濒朝鲜（KOREA）海峡，西临洛东（NAKTONG）江，与日本对马（TSUSHIMA）岛相峙，是韩国最大的港口和最大的集装箱港。2008 年釜山港集装箱吞吐量为 1 345 万标准箱，是世界第五大集装箱港。

港口距机场约 28 公里。北至蔚山 40 海里，浦相 60 海里，东南至北九州 120 海里，西南至丽水港 100 海里，济州 170 海里，上海 500 海里。港区分布在釜山湾西北岸，沿海岸自西南东北分布有 10 座码头，码头线总长 8 681 米，有 60 多个泊位。釜山港是韩国海陆空交通的枢纽，又是金融和商业中心，在韩国的对外贸易中发挥着重要作用。

港口主要出口货物为工业机械、水产品、电子、石化产品和纺织品等，进口货物主要有原油、粮食、煤、焦炭、原棉、原糖、铝、原木及化学原浆等。该港能承接各种船舶修理，最大干船坞可容纳 15 万载重吨的船舶。

※2. 仁川港

【港口英文名称】INCHON PORT

【所属国家（地区）】韩国

【港口代码】INC

【时区】GMT+9

【所在位置】N37° 28′　E126° 37′

仁川港是韩国商港，位于朝鲜半岛西海岸中腰江华湾内，与首尔之西相距 30 多公里，是朝鲜半岛最大都市首尔的海上门户。北距南浦港 220 海里，南距群山港 120 海里，西距连云港 383 海里，距上海 510 海里。港外有小岛作屏障，又有内外港之分。内港在 1974 年建成的挡潮闸门内，现有两座突堤和港湾沿岸 6 座码头，总计 30 多个泊位，码头线总长 6 公里多，外港为潮汐港，主要用于远洋船入港等候锚泊或危险品装卸。

仁川港为韩国第二大外贸港口，建有大型闸门式码头。凭着两个潮闸和 8 个系船柱供船只系泊，能同时供36艘排水量5万吨的船只停泊，每年的货物吞吐量达2 500万吨。由于近年来韩国与东欧、中亚各国和中国大陆开始通商，货物运输量急剧增加。因仁川港有一些岛屿作屏障，并建有人工闸门和防波堤，所以该港又具有重要的军事意义。

仁川港也是韩国停泊远洋客轮的一个主要码头。1990年9月，4 300吨的韩国“金桥号”就是从仁川港的远洋码头启程前往中国的，从而揭开了中韩两国通航史上的新篇章。

3．横滨港（见图5-4）

【港口英文名称】YOKOHAMA

【所属国家（地区）】日本

【港口代码】YOK

【时区】GMT+9

【所在位置】N35° 27′　E139° 38′

图5-4　日本港口分布图

横滨是日本第三大城市，早在130多年前就已开港，港口位于本州东南部神奈川县。东部沿海，濒临东京湾的西侧，北与川崎港相邻，横滨港以日本经济最发达的关东地区为腹地，是关东地区的海上门户，是日本第一大贸易港口，也是世界亿吨大港之一，并且是世界十大集装箱港口之一。该港是京滨工业区的核心之一，其工业产值仅次于东京和大阪，居日本第三位。

该港属亚热带季风气候，夏季盛行东南风，冬季多西北风。年平均气温10～27摄氏度，每年有雾日33天，雷雨日有10天。全年平均降雨量约1 000毫米。该港属半日潮港，大潮升1.9米，小潮升1.4米。目前，横滨港每年约有8万～9万艘次船舶进出港口，年货物吞吐量一般在1.1亿～1.3亿吨左右，贸易额居全国首位。横滨是日本著名的国际贸易港，已同世界130多个国家的500多个港口有经贸往来。

横滨港的突出特色是以输出业务为主，出口额占全港贸易总额的75%以上。它不仅输出本地生产的工业品，且输出整个京滨工业带生产的工业品。东京和川崎虽然也是港

口，但大多数工业制成品都在横滨港输出。横滨港进口的物品主要是工业原料和燃料。

4．大阪港

【港口英文名称】OSAKA

【所属国家（地区）】日本

【港口代码】OSK

【时区】GMT+9

【所在位置】N34° 39′　E135° 24′

大阪是日本的第二大城市，地处本州岛西南部大阪湾畔。大阪港与世界107个国家和地区的413个港口有贸易往来，全港对外贸易额约占全国的1/10。

大阪港经改造、扩建，已跻身于日本和世界名港之列，拥有供外贸使用的泊位63个，内贸使用的泊位97个，另有私人泊位33个。大阪港导航设施完善，港区内有专用码头，设有集装箱码头、滚装船码头和重量货物码头等。如设置于南港西侧的重量货物码头是高效率装卸大型成套设备、大容积超重量集装箱的公共码头；设置于南港东侧的集装箱码头，现有5个泊位，拥有高效率的装卸设备，每月接纳集装箱船110艘左右，而且大多是全新式的全集装箱船；南港南侧的食品专用码头拥有3个深水泊位，集散货物场地达3万平方米，码头背后耸立着6座大型冷藏仓库，共有11万吨的冷藏能力；地处港区西侧的化工产品码头，用海水和林地同其它码头区隔开，有装备完善的防灾设施，能够安全而有效率地装卸各种不同性质的化工原料和产品；在化工产品码头南侧，设有班轮码头，拥有7个泊位，水深10米。

为了确保日本和一些主要外贸国家间海上运输和装卸货物的便利，大阪港还专门为有定期航班国家设置各自的“优先码头”，并可以受到优先待遇。其中，中日海运航线的“优先码头”位于港口大桥的西北侧。

大阪港以输出钢铁、民用电器和电子设备等机械类为主，约占60%，主要输往美国、韩国、澳大利亚、中国和印度尼西亚，输入多为铁矿石、原木、金属和煤，从美国、澳大利亚、加拿大、韩国和中国直接进口。

5．神户港

【港口英文名称】KOBE

【所属国家（地区）】日本

【港口代码】KOB

【时区】GMT+9

【所在位置】N34° 40′　E135° 12′

神户港位于日本四大岛中最大的一个岛—本州岛的西南部，濒临大阪（OSAKA）湾西北侧，是日本最大的集装箱港口。神户市东距大阪市约30公里，是阪神（大阪、神户）工业地区的重要港口之一，还是日本著名的国际贸易港口，素有日本“国际海上运输窗口”之称。

该港属亚热带季风气候，夏季盛行东南风，冬季多西北风。年平均气温10～27摄氏度，年雷雨日有12天，降雪日有19天。全年平均降雨量1 300毫米。该港属半日潮港，有日潮不等现象，大潮升1.4米，小潮升1.1米。

本港的特点是填海建造的人工岛，如港岛及罗卡岛等有桥梁可与大陆连接。装卸设备有各种岸吊、门吊、集装箱吊、浮吊及跨运车等，其中浮吊最大起重能力达 200 吨。码头最大可靠 15 万载重吨的船舶。谷物装卸效率每小时可卸 1 500 吨。港岛码头有 13 个集装箱专用泊位，最大水深为 12.1 米。摩耶港区有 6 个集装箱专用泊位，最大水深为 11.9 米，另有系船浮筒 26 个。本港仓库面积达 134 万平方米，露天堆场为 28 万平方米，煤场近 6 万平方米，货物转运站为 27 万平方米。

钢铁、造船、食品、合成革质鞋、海运和仓储等与港口有关的产业是神户经济的重要方面。西点和欧式家具因居住在神户的大量外国人的需求而得到促进和发展。主要出口货物为机械、车船、纺织品、钢铁及家用电器等，进口货物主要有粮谷、棉花、原油、矿石、小麦、天然橡胶及食品等。

6．名古屋港

【港口英文名称】NOGOYA

【所属国家（地区）】日本

【港口代码】NAG

【时区】GMT+9

【所在位置】N35° 10′　E136° 50′

名古屋港是日本主要的国际贸易港之一，位于本州中西部，在日本列岛太平洋岸中心地带的伊势湾深处。港湾隐蔽，不受风浪影响。港口水域面积约 8 000 万平方米。名古屋港现已发展成为工商业相结合的综合性港口。港区中心部位是由金城码头、稻永码头、西四区和木材港等组成的贸易港；两侧是由沿海工业区组成的工业港。港口锚地面积 2 998.1 万平方米，防波堤总长 11 236 米。现有大型船舶泊位 276 个，码头线总长 28 665 米，另有大型浮筒泊位和同时可停靠两艘 25 万吨级油船的单点系泊泊位共 22 个。全港同时接纳的船舶可达 490 万吨。稻永码头于 1962 年和 1967 年建成两个突堤码头，共有 10 个 15 000 吨级的泊位，主要是外贸班轮泊位。

西四区是集装箱码头区，是由港务局和六家大航运公司共同出资兴建的，已建成 4 个泊位，其中一个是滚装船泊位。

> **议一议**
> 什么是滚装船泊位？

名古屋港是丰田汽车公司的主要出口基地。港内有 11 个泊位专营或军营汽车出口业务。此外，位于丰田市西南方的东海市拥有许多大型钢铁企业，每年进出口的原料和成品几乎都需要经过名古屋港。由于运输量大，在名古屋港东侧开辟了自己专用的码头。

※7．千叶港

【港口英文名称】CHIBA

【所属国家（地区）】日本

【港口代码】CHB

【时区】GMT+9

【所在位置】N35° 36′　E140° 07′

千叶港口位于日本本州东南沿海千叶县西部，濒临东京湾的东北侧，是日本最大的

工业港口。它是在战后迅速发展起来的重化工业港市，主要工业有石油、钢铁、电力及石油化工等。

该港属亚热带季风气候，夏季盛行东南风，冬季盛行西北风。最高气温达 38.3 摄氏度，最低气温为-6 摄氏度。5～8 月为多雾月份。全年平均降雨量约 1 500 毫米。千叶港属半日潮港，大潮升 2 米，小潮升 1.5 米。港区主要码头泊位有 43 个，岸线长达 8 852 米，最大水深为 18 米。本港久贸集装箱码头岸线长为 240 米，水深达 12 米，可靠泊 3 万载重吨的集装箱船，年货物吞吐能力约 1.4 亿吨。

主要进口货物为石油、天然气、铁矿石、木材和食用农产品等，出口货物以汽车为主，还有钢铁和化工产品等，其中汽车占输出额约 50%。该港可承接船舶的各种修理，拥有较大的干船坞，可容纳 50 万吨级的船舶。

8．东京港

【港口英文名称】TOKYO

【所属国家（地区）】日本

【港口代码】TOK

【时区】GMT+9

【所在位置】N35° 42′　E139° 46′

东京港是日本的首都商港，位于本州南部东京湾西北岸。东京港是日本交通中心，海上与千叶、川崎港相邻，距横滨港 10 海里，至名古屋港 212 海里，至神户港 364 海里，至上海港 1 057 海里，海空航线连接五大洲。

港区分布在市区东南的荒川与多摩川之间，有内外港之分。内港紧依靠城市，自北而南，在入航道西侧有竹芝（3 个泊位）和日出（6 个泊位）客货码头，芝浦内贸码头（7 个泊位），品川杂货、集装箱码头（9 个泊位），码头后方都有铁路通达。入港航道东侧有月岛码头（2 个泊位），晴海外贸码头（8 个深水泊位），丰州天然气、钢铁码头（8 个泊位）和明浅码头（10 个泊位）。外港沿环东京湾公路自西至东分布有大井集装箱、水产码头（10 个深水泊位）；青海集装箱定期班轮码头（11 个深水泊位），该码头后方建有日本最大的物流中心；10 号的内贸杂货码头（23 个泊位），10 号的钢铁码头，12 号的内贸杂货码头，15 号地木材、建材码头等。目前外港还在建设中，已建成的码头泊位总计超过 100 个，码头线总长 15 公里，其中包括 13 个集装箱在内的深水泊位 40 多个。

港口功能以进口为主；集装箱装卸 155 万标准箱，居日本第三位，世界第 13 位。该港 1981 年 6 月起与我国天津港结为友好港。

（三）东南亚地区的主要对外贸易港口（见图 5-5）

※1．马尼拉港

【港口英文名称】MANILA

【所属国家（地区）】菲律宾

【港口代码】MNL

【时区】GMT+8

【所在位置】N14° 35′　E120° 58′

图 5-5 东南亚港口分布

马尼拉港位于菲律宾岛西南沿海巴石河口两岸，濒临马尼拉湾的东侧，是菲律宾最大的海港。它是菲律宾的首都和全国政治、经济、文化和交通中心。早在 16 世纪就成为著名的商港。这里集中了全国半数以上的工业企业，主要工业有制糖、榨油、碾米、纺织、肥皂、印刷、食品加工、制药和卷烟等，还有卡车制造及小型钢厂等。

该港属热带季风气候，盛行东北风。年平均气温为 27 摄氏度，最高达 32 摄氏度，最低为 23 摄氏度。年雾日有 15 天，夏、秋多台风，雷雨日有 46 天。全年平均降雨量达 2 000 毫米。该港属半日潮港，平均潮差为 1 米。

港口离国际机场约 8 公里。该港有南港、北港及国际集装箱 3 个港区，主要码头泊位有 26 个，岸线长达 2 931 米，最大水深 11.6 米。装卸设备有各种岸吊、龙门吊、浮吊、集装箱吊及滚装设施等，其中岸吊最大起重能力达 80 吨。另有海上泊位系船浮筒 6 个，最大水深 15 米。港区仓库面积达 64 万平方米。国际集装箱码头为外贸专用码头，港口设施现代化，集装箱吞吐量增长迅速。主要出口货物为大麻、食糖、椰油、烟叶、酒精、椰干、皮张、菜油、木材及三合板等，进口货物主要有机械、纺织品、食品、药品、石油、水泥、大米及杂货等。马尼拉的进口货物约占全国进口货物的 4/5。

※2. 雅加达港

【港口英文名称】JAKARTA

【所属国家（地区）】印度尼西亚

【港口代码】JKT

【时区】GMT+9

【所在位置】S6° 10′ E106° 50′

雅加达港位于印尼的爪哇（JAWA）岛的西北沿海雅加达湾的南岸，濒临爪哇海的西南侧。东距外港丹戎不碌（TANJUNG PRIOK）10 公里，是亚洲南部和大洋洲的航运中心，印尼最大的集装箱港口，著名的胡椒输出港。

该港属热带雨林气候，盛行北风和东北风。年平均气温 24～31 摄氏度。经常有雷阵雨出现。全年平均降雨量约 2 000 毫米。该港属全日潮港，平均潮差为 0.6 米。

主要出口货物为橡胶、茶叶、胡椒、咖啡、木材、锌、金鸡纳霜、石油及烟草等，进口货物主要有机械、钢铁、大米、药品、家电、牛及食糖等。该港外贸吞吐量占印尼输入的 50%以上，主要贸易对象为日本、美国及新加坡等国家。

3．新加坡港

【港口英文名称】SINGAPORE

【所属国家（地区）】新加坡

【港口代码】SIN

【时区】GMT+8

【所在位置】N1° 16′ E103° 50′

新加坡港位于新加坡岛南部沿海，西临马六甲（MALACCA）海峡的东南侧，南临新加坡海峡的北侧，是亚太地区最大的转口港，也是世界最大的集装箱港口之一，又称狮城、星洲或星岛。该港处于太平洋及印度洋之间的航运要道，战略地位十分重要。

该港属热带雨林气候，年平均气温 24～27 摄氏度。每年 10 月至次年 3 月为多雨期。全年平均降雨量约 2 400 毫米。该港属全日潮港，平均潮差为 2.2 米。自然条件优越，水域宽敞，很少受风暴影响，港区面积达 583 平方公里，水深适宜，吃水在 13 米左右的船舶均可顺利进港靠泊，港口设备先进完善。从 20 世纪 60 年代起，政府拨巨款扩建码头改善交通运输能力，提高装卸能力。现有 100 多个泊位，有庞大的仓库和堆栈。海运航线达 250 多条，通往世界 80 多个国家和地区，实行“不夜港”。一年抵达的船只近 4.5 万艘，年吞吐量达 2 亿多吨，是世界最大的集装箱港口。

新加坡港港区包括丹戎帕加－凯佩尔、巴实巴让、裕廊、三巴旺港区以及亚逸楂湾、布孔龙岛等。丹戎帕加－凯佩尔是该港的主要港区，也是该港最大集装箱码头区，位于新加坡城南。目前已有 13 个集装箱泊位(包括支线、滚装船和多用途泊位各一个)。泊位线总长 3 433 米，码头水深 10～14 米，码头面积 121 公顷，堆场能力为 6 万标准箱，该码头年装卸 424 万标准箱，占该港年总吞吐量 436 万标准箱的 97%；凯佩尔原为该港主要杂货港区，有 30 多个泊位，随着集装箱货物不断增长，不得不逐步将佩尔港区的杂货泊位改成装卸码头。从 1991 年起又将该港区的帝国港池填平为集装箱堆场。

巴实巴让港区是 1974 年填海而成的，原为沿海轮和载驳船码头，自凯佩尔港区改为集装箱码头后，那里部分业务转移来此装卸，现已有码头岸线 2 300 米，10 多个泊位，包括 10 个沿海船泊位，3 个深水多用途泊位，计划在东西两端再建各两个泊位。

裕廊工业港位于新加坡西南，紧靠裕廊工业区，原址在裕廊河西岸，有码头线 2 597 米，其中 2 212 米是水深 8.4～12.7 米的泊位，可容纳 11 艘远洋轮停靠，为扩大该区的装卸能力，目前正在普劳达曼劳特岛新建港区。

三巴旺港区在岛北，临柔佛海峡，码头线 1 064 米，6 个水深 9.7～11.3 米的泊位。

除以上港区外，还有西南的布孔岛（壳牌石油），亚逸楂湾岛（埃索），梅里茅岛（新加坡石油），比实岛（莫比尔）等六大炼油厂的岸壁码头和海上泊位约 50 多个。岸壁最大能停靠 12 万吨级船只，海上最大能停靠 35 万吨级船只。该港区石油总装卸量达 8 449

万吨，约占全港货运量的一半。

近几年来，新加坡港已成为世界上最繁忙的港口之一，共有 250 多条航线来往世界各地，约有 80 多个国家和地区的 130 多家船运公司的各种船舶日夜进出该港，平均每 12 分钟就有一艘船舶进出。一年之内相当于世界现有货船都在新加坡停泊了一次。

新加坡素有“世界利用率最高的港口”之誉称，每天还有 30 多个国家航空公司的 200 多个航班在新加坡机场频繁起降。新加坡的集装箱吞吐量在 1990 年和 1991 年均超过香港而跃居世界第一位，自 1992 年开始新加坡虽然达到 756 万标准箱，但香港达到 797 万标准箱，被香港夺去首位，新加坡位居世界第二位。2008 年新加坡港口集装箱处理总量达到近 3 000 万标准箱，为全球最大集装箱转口港。

新加坡港主要进出口货物为石油、机械设备、电子电器、化肥、水泥、谷物、糖、橡胶、面粉、化工产品、矿砂、工业原料、食品、木材、椰油、椰干、棕榈果，水果及杂货等。

为了建设亚洲最大的集装箱码头，新加坡港务当局正在丹戎巴葛码头对面的勿拉尼（BRAIN）岛上新建第二大集装箱码头，建成后将拥有 5 个干线泊位和 4 个支线泊位，码头面积达 80 万平米，可堆放 1.5 万标准箱，预计全部完工后，集装箱年吞吐能力可达 1 300 万标准箱，以便保持新加坡在海上货运方面的竞争力。

※4. 巴生港

【港口英文名称】 PORT KELANG

【所属国家地区】马来西亚

【港口代码】PKE

【时区】GMT+8

【所在位置】N3° 00′ E101° 24′

巴生港位于马来西亚的马来半岛西部沿海巴生河口南岸，濒临马六甲海峡的东侧，又称瑞天咸港（PORT SWETTENHAM），是马来西亚的最大港口。它是首都吉隆坡（KUALA-LUMPUR）的外港，相距约 37 公里。吉隆坡这个全国最大的城市所需的生活用品和工业原料均通过本港进出。巴生港腹地广阔，有铁路相连。

巴生港位于马来半岛，属热带雨林气候。年平均气温 29 摄氏度。多暴雨，全年平均雨量约 3 000 毫米，以 10～12 月雨量最多。巴生港属半日潮港，平均潮差 2.9 米。

该港有三处可泊区域，即南港、北港和西港。停泊于南港的船只将会受到变化无常的潮汐影响。南港主要满足马来西亚半岛、沙巴州与沙捞越之间的交通运输，以及巴生港的散装液体货物的运输。在北港坐落着集装箱装卸区、件普通货物装卸区、干散货装卸区以及液体散货装卸区。巴生港共有 18 个远洋码头，总长度达到 3 939 米，在集装箱码头共有 24 台集装箱起重机，占地 84.6 公顷的存放区，存储能力为 19 212 个标准箱，包括 757 个冷藏集装箱插头。货运站占地 48 462 平方米。

（四）澳大利亚的主要对外贸易港口（见图 5-6）

※1. 悉尼

【港口英文名称】SYDNEY

【所属国家（地区）】澳大利亚

【港口代码】SYD

【时区】GMT+10

【所在位置】S33° 51′ E151° 12′

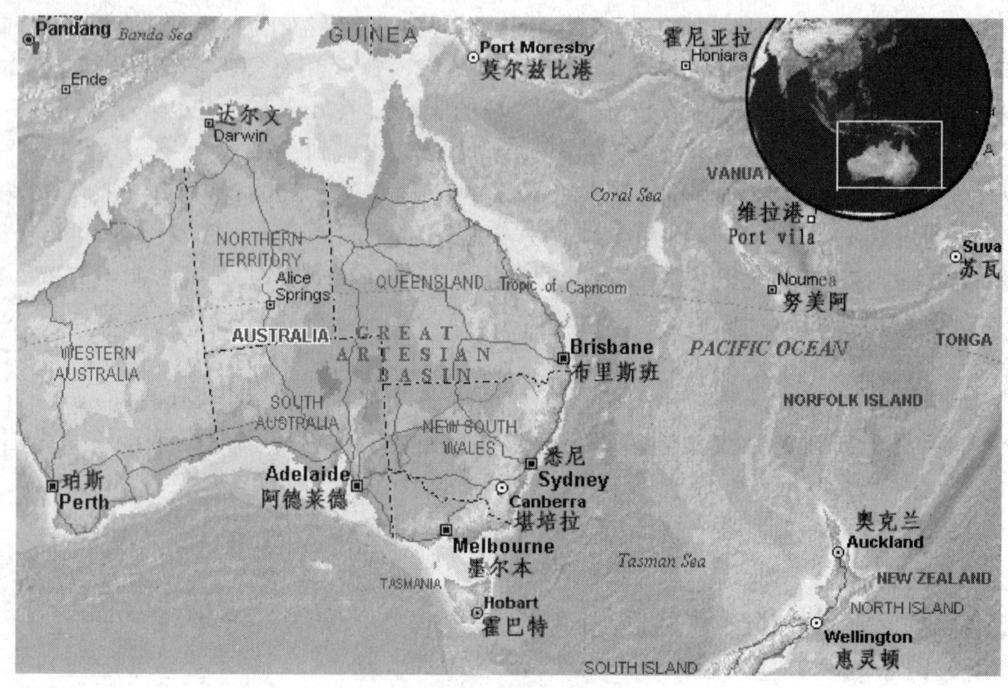

图 5-6 澳大利亚港口分布

悉尼港气候四季分明，12 月至 2 月为夏季，3 月至 5 月为秋季，6 月至 8 月为冬季，9 月至 11 月为春季。1 月和 2 月最热，最高气温 25 摄氏度左右；而 7 月和 8 月最冷，最低气温 6 摄氏度左右。没有雨季，降水量平衡分布于全年各月。

悉尼港位于澳大利亚东南岸，塔斯曼海伸入大陆的杰克逊湾内。悉尼港水深港阔，设备良好，码头泊位长达 16～18 公里，可停泊吃水 10 米以下的船舶，是现代化管理的世界大港之一。所有泊位均坐落于遮蔽的区域，而且很少受风的影响，不需特殊系泊。

悉尼港主要输出羊毛、小麦、面粉、肉类和纺织品等，进口石油、机器等，有定期航线通往英国、西欧、美国和新西兰等国家和地区。

2. 墨尔本港

【港口英文名称】MELBOURNE

【所属国家（地区）】澳大利亚

【港口代码】MLB

【时区】GMT+10

【所在位置】S37° 50′ E144° 58′

墨尔本港位于澳大利亚东南部维多利亚州南部沿海的亚拉河口的墨尔本市，在菲利普港湾北侧的霍布森斯湾内，是澳大利亚最大的现代化港口，还是澳大利亚东南地区羊毛、肉类、水果及谷物的输出港，也是重要的国际贸易港口。码头上有铁路线、油罐火车可直达码头。有 4 万平方米的堆场用于进口木材和汽车。在墨尔本的总贸易量中有大约 62%实现了集装箱化。该港属亚热带季风气候，全年平均气温在 12～25 摄氏度左右。全年平均降雨量约 1 200 毫米。平均潮差为大潮升 3 米，小潮升 2.2 米。

该港有四大国际集装箱码头。斯旺松（SWANSON）码头建于 60 年代，占地 146 万平方米，分东西两个码头，最大水深 13.1 米，并拥有 45 吨的集装箱吊。维布（WEBB）码头，建于 20 世纪 50 年代，占地 26 万平方米，有 5 个集装箱泊位，最大水深 11.2 米，主要装卸外贸集装箱。维多利亚（VICTORIA）码头，建于 20 世纪 80 年代，目前已新建滚装泊位，最大水深 9.4 米，拥有 36 吨单臂起重机。阿普尔通（APPLETON）码头，为两家公司的专用码头，最大水深 10.7 米，用于集装箱和滚装货。

主要出口货物有羊毛、水果、肉类、皮革、谷物、奶制品、废钢、汽车及其零件、石油制品及杂货等，进口货物主要有原油、钢铁、木材、石油制品及杂货等。

（五）北美西海岸主要对外贸易港

1．温哥华港

【港口英文名称】VANCOUVER

【所属国家地区】加拿大

【港口代码】VCR

【时区】GMT -8

【所在位置】N49° 17′　W123° 07′

温哥华港位于加拿大西南部不列颠哥伦比亚省南端的弗雷泽河口，在巴拉德湾内，濒临乔治亚海峡的东南侧，是加拿大最大的港口，也是世界主要小麦出口港之一。主要工业有造船、木材加工、造纸、汽车、鱼类加工、纺织、飞机制造及石油加工等。该港是亚洲到北美各航线中最短的航线。公路与加拿大、美国各地相通；铁路可达美洲大陆各地。港口距国际机场约半个小时的车程，有定期航班飞往世界各地。

该港属温带海洋性气候，盛行东南和西南风。1 月平均气温为 2.5 摄氏度，7 月平均气温为 17 摄氏度。每年 7～10 月多雾，有时可延续数天。全年平均降雨量约 1 100 毫米。大潮潮高为 1.9 米。装卸设备有各种岸吊、门吊、可移式吊、集装箱吊、铲车、装卸桥、卸货机、拖船及滚装设施等，其中浮吊最大起重能力为 100 吨，可移式吊塔为 250 吨，还有直径为 250～860 毫米的输油管供装卸使用。港区仓库容量达 170 万吨。装卸效率为小麦每小时装 2 000 吨，原油每小时 2 500 吨，圆木每工班装 500 立方米，谷物每小时装 1 000 吨。本港最大可泊 25 万载重吨的船舶。主要出口货物为小麦、机械、纸浆、铜矿、粮谷、面粉、林木产品、煤、肥料、焦炭、鱼、水果及硫磺等，进口货物主要有盐、茶叶、水泥、钢材、糖、铁及磷酸石等。

温哥华港现有 27 座码头，其中散货码头 17 座，件杂货码头 5 座，集装箱码头 3 座。温哥华港已经成为加拿大最繁忙的枢纽港，同时还是北美航线上的第三大港口，大部分码头位于布拉得・英利特湾沿岸，坐落在温哥华的市中区，位置优越，交通便利。3 座集装箱专用码头中的 VEN TER M 码头占地 76 英亩，集装箱堆存能力为 9 200 个重标箱和 3 000 个空标箱，集装箱年通过能力为 34 万标准箱。

与北美西海岸其他港口相比，温哥华港与亚洲之间的海上距离最短，使其在航行时

间与海运成本方面独具优势。因此，在加拿大与亚太地区，特别是与中国的贸易发展中，温哥华港起到了重要的桥梁作用。

2．西雅图港

【港口英文名称】SEATTLE

【所属国家地区】美国

【港口代码】SEA

【时区】GMT -8

【所在位置】N47° 36′ W122° 20′

西雅图港位于美国西北部华盛顿洲西部沿海普吉特湾的东岸，濒临太平洋西海岸的胡安德富卡海峡的东南侧，是美国第二大集装箱港，也是美国距离远东最近的港口。该港交通运输发达，是北美大陆桥的桥头堡之一，即横贯美国东西向的主要干线北太平洋铁路的终点站，东部的桥头堡为纽约。西雅图的航空、航天工业发达，是全世界最大的飞机公司——波音飞机总部的所在地，是美国飞机导弹制造业的垄断组织。该公司在世界市场上占飞机订货量的一半以上，另外还从事火箭及太空发射器的制造。该港的主要工业还有钢铁、铝制品、服装、机械、木材加工、造船、罐头食品及汽车装配等。港口距机场约 15 公里，有定期航班飞往世界各地。

该港属温带海洋气候，盛行南风。年平均气温在 5 摄氏度，夏季约 20 摄氏度。全年平均降雨量约 1 000 毫米，平均潮差为 5.5 米。

装卸设备有各种岸吊、集装箱门吊、重吊、回转吊、拖船及滚装设施等，其中集装箱门吊最大起重能力达 50 吨，重吊达 200 吨。港区露天堆场面积达 14 万平方米，仓库总容量达 70 万吨，货棚面积约 30 万平方米。集装箱码头面积达 140 万平方米，其中最大的是哈珀岛第 18 号码头，水深达 15 米，其铁路战场可以从集装箱船上直接向双层集装箱列车装箱，扩大了多式联运的运输。谷物码头全部自动化，最大可靠泊 20 万载重吨的船舶，装卸效率为每小时 3 500 吨。大船锚地水深达 36 米。该港对外贸易区自 1945 年建立以来，目前面积已达 5.67 平方公里。主要出口货物为谷物、鱼、牛油、机械、小麦、纸浆及废纸等，进口货物主要有纺织品、木材、新闻纸、轿车、胶合板、石膏、香蕉及杂货等。

3．洛杉矶港

【港口英文名称】LOS ANGELES

【所属国家地区】美国

【港口代码】LSA

【时区】GMT -8

【所在位置】N43° 43′ W118° 16′

洛杉矶港位于美国西南部，加利福尼亚州西南沿海圣佩德罗湾的顶端，濒临太平洋的东侧，是美国第二大集装箱港。它是北美大陆桥的桥头堡之一，是横贯美国东西向的主要干线圣菲铁路的西部桥头堡，东部大西洋海岸的桥头堡为费城（PHILADELPHIA），另一条铁路干线是南太平洋铁路，从洛杉矶开始经过新奥尔良（NEW ORLEANS）港向东延伸直至大西洋岸的杰克逊维尔（JACKSONVILLE）港。洛杉矶是美国西海岸的最大工业城市，著名的工业为飞机制造业和石油工业。美国两大飞机制造公司之一的洛克希德公司是美国飞机和导弹制造业的垄断组织，它们都位于市区北部。西北部的好莱坞是美国电影业的中心，东部的迪斯尼游乐中心也是举世闻名的。港口距机场约 30 公里，有定期航班飞往世界各地。

该港属亚热带地中海式气候，盛行西风。二月平均气温为 13 摄氏度，7 月平均气温为 21 摄氏度。全年平均降雨量约 800 毫米。

装卸设备有各种岸吊、可移式吊、尼门吊、浮吊、集装箱吊、装卸桥及滚装设施等，其中集装箱吊最大起重能力为 40 吨。港区最大曾靠泊 22 万载重吨的油船，露天堆场面积达 100 万平方米。美国总统轮船公司（APL）已在该港建设新的集装箱码头，可泊 4 艘大型集装箱船。出口货物有石油产品、航空设备、海洋工程设备、精密机械及棉花、谷物等农产品。进口有钢铁、小轿车、家电产品、石油、木材、天然橡胶、咖啡及各类矿石。

4．奥克兰港

【港口英文名称】OAKLAND

【所属国家地区】美国

【港口代码】OAK

【时区】GMT -8

【所在位置】N 37° 50′　W122° 18′

奥克兰港位于美国西部，加利福尼亚州西海岸，在金门海峡的东南端，地处圣弗朗西斯科湾口的东岸，隔湾与旧金山相望，有 13 公里长的海湾大桥（桥高 65 米）相连，是美国第四大集装箱港。该港北有西雅图、塔科马，南有洛杉矶、长滩港，地理位置十分优越。该港交通运输发达，有横贯美国东西的太平洋铁路线及主要公路干线，并可通行双层集装箱列车，在实行多式联运方面具有较大的有利条件。主要工业有汽车、计算机、电气设备、造船、金属加工、炼油及化学等。港口距国际机场约需 15 分钟的车程。

奥克兰港属温带海洋性气候，盛行西风及西北风。二月平均气温 9.2 摄氏度，7 月平均气温 17 摄氏度。春季常有雾发生，冬季多晨雾。全年平均降雨量约 1 000 毫米，平均潮差为 1.3 米。该港包括内、中、外港区，主要码头泊位有 29 个，岸线长 6 332 米，最大水深为 12.2 米。装卸设备有各种岸吊、门吊、汽车吊、浮吊、拖船及滚装设施等，其中门吊和集装箱吊最大起重能力为 50 吨、浮吊达 100 吨，港区仓库及货棚面积为 27 万平方米。大船锚地水深达 15.2 米，美国总统轮船公司（APL）在奥克兰港有 4 个集装箱泊位，并配备 45 吨的集装箱 11 吊，本港对外贸易区面积为 5.26 万平方米。主要出口货物为石油、棉花、机械、化肥、镁、罐头、水果及干果等。进口货物主要有铬矿、木材、钢铁、水果、新闻纸、胶合板、咖啡、生铁、麻布、威士忌及杂货等。在节假日中元旦、劳动节、感恩节及圣诞节该港不工作。

5．旧金山港

【港口英文名称】SAN FRANCISCO

【所属国家地区】美国

【港口代码】SFO

【时区】GMT -8

【所在位置】N37° 48′　W122° 25′

旧金山港位于美国西部，加利福尼亚州西海岸岩丘半岛的北端，在圣弗朗西斯科湾口的西岸，地处金门海峡的南侧，东面与大陆上的奥克兰港隔湾相望，有13公里长的海湾大桥相连，北面与马林半岛隔峡相望，有1 280米长的金门大桥相连。

该港是美国西海岸最古老的港口的西岸。它是北美大陆桥的桥头堡之一，是横贯美国东西的主要干线——联合太平洋铁路的终点站，东部的起点站为纽约。它还是美国西部最大的金融中心。主要工业有飞机制造、造船、电子仪器、石油加工、火箭部件、食品、化工及印刷等。港口距国际机场21公里，有定期航班飞往世界各地。该港属温带海洋性气候，盛行西风及西北风。1月平均气温为9.2摄氏度，7月平均气温17摄氏度。夏季常有雾发生，冬季多晨雾。全年平均降雨量约1 000毫米，平均潮差为1.52米。

旧金山港装卸设备有各种岸吊、可移式吊、集装箱吊、浮吊、汽车吊及滚装设施等，其中集装箱吊最大起重能力为40吨，浮吊达100吨。港区可以同时停靠200艘船舶。该港对外贸易区的面积为2万平方米，在港区北部外贸区的码头岸线长为1 072米。主要出口货物为石油制品、大麦、小麦、机械、水果、蔬菜、金属制品、轿车、罐头、肉、奶粉及工业品等，进口货物主要有原油、茶叶、羊毛、橡胶、椰干、椰油、香蕉、玻璃、糖、可可豆、酒精、罐头及调味品等。在节假日中元旦、劳动节、独立日、感恩节及圣诞节该港不工作。

6. 长滩港

【港口英文名称】LONG BEACH

【所属国家地区】美国

【港口代码】LGB

【时区】GMT -8

【所在位置】N33° 47′　W118° 09′

长滩港位于美国西南，与洛杉矶港相邻。该港为人工形成，主要进出口亚洲国家的货物，特别是与我国相关的各类货物。集装箱的进出口量为美国第二位。长滩港是全美第二繁忙的港口。主要贸易伙伴为中国、香港特别行政区、日本、韩国和我国台湾省。

长滩港是“绿色港口”的倡导者之一，它号召靠港船舶采用岸上供电方式，取代传统的船舶发动机发电。长滩港的“绿色旗帜”计划还要求船舶进港行驶时实行减速，以便减少空气污染。

看谁能以最快的速度在地图上查到太平洋航区的港口；看谁能够准确地在相关单据上填写这些港口的英文名称和代码。

长滩港主要出口货物：按照吨位计算顺序为石油冶炼产品、成品油、废纸、铁、塑料和化工品等；按照价值计算顺序为机器、塑料、电机、肉类、化工品和汽车等。主要进口货物：按照吨位计算顺序为成品油、家具、机器、电机、水泥和铁制品等；按照价值计算顺序为机器、电机、汽车、服装、玩具和家具等。

二、印度洋航区的重要港口

（一）印度洋北部地区的主要港口

※1. 加尔各答港

【港口英文名称】 CALCUTTA

【所属国家地区】印度

【港口代码】CAL

【时区】GMT+5:30

【所在位置】N22° 34′　E88° 20′

加尔各答港位于印度东北部恒河三角洲胡格里河左岸，距河口约 123 海里，濒临孟加拉湾的北侧，是印度东部的最大港口，因主要出口黄麻，又有“黄麻港”之称。加尔各答是内陆国家尼泊尔、不丹和锡金的出海口。港口距国际机场约 22 公里。

该港属热带季风气候，盛行西南风。年平均气温 15～30 摄氏度，5～9 月会受到热带风暴及气旋的袭击。全年平均降雨量约 2 600 毫米，5～10 月为雨季，雨量占全年的 90%。该港属半日潮港，大潮平均潮高为 4.9 米，小潮平均潮高为 1.6 米。

装卸设备有各种岸吊、抓斗吊、重吊、集装箱吊、装船机及拖船等。其中，重吊最大起重能力达 200 吨，拖船功率最大为 1 618KW，还有直径为 150～304.8 毫米的输油管。码头最大可靠 8 万载重吨的船舶，有铁路线可直通码头。装卸效率为煤炭每小时 1 500 吨，原油平均每小时 600 吨，矿石每小时装 3 000 吨。集装箱码头堆场面积达 1.6 万平方米，可同时堆放 1 000 标准箱，并配有高速装卸集装箱吊。

主要出口货物除黄麻外，还有煤、矿石、茶叶、废钢、皮张、棉花及糖等，进口货物主要有石油、盐、面粉、水泥、钢铁、谷物、橡胶、机械、化工品、木材及烟草等。

2. 孟买港

【港口英文名称】BOMBAY

【所属国家地区】印度

【港口代码】BOM

【时区】GMT+5:30

【所在位置】N18° 56′　E72° 49′

孟买港位于印度西海岸外的孟买岛上（目前该岛已与大陆连结），西濒阿拉伯海，是个天然良港，被称为印度的“西部门户”，也是印度海军的重要基地和马哈拉施特拉邦的首府和印度最大的港口。该港西北距卡拉奇港 507 海里，距卡布斯港 855 海里，距亚丁港 1 660 海里，东南距柯坎港 584 海里，距科伦坡港 889 海里。它是南亚大陆桥的桥头堡，东起加尔各答，西至孟买，全长 2 000 公里，是印度海陆空的交通枢纽。港口距全国最大的国际机场约 28 公里。

该港属热带季风气候，盛行西南风。全年平均气温 20～31 摄氏度，全年平均降雨量约 2 000 毫米，6～9 月是雨季，约占全年的 83%。该港属半日潮港，大潮平均潮高为 4.4 米，小潮平均潮高为 0.8 米。该港长约 14 海里，宽约 5 海里，有 6 000 米宽的港内水域可供锚泊或过驳装卸。

孟买港港区主要码头泊位见表 5-1。

表 5-1　孟买港港区主要码头泊位

码 头 类 别	泊位（个）	岸线长（米）	最大水深（米）
GENERAL& BULK CARGO（散货、杂货）	25	4 242	14
CON T AINER（集装箱）	4	764	11
OIL QUAY（油码头）	3	518	10.6

港区装卸设备有各种岸吊、可移式吊、集装箱吊、浮吊及滚装设施等，其中浮吊的最大起重能力达 125 吨，还有直径为 203.2～609.6 毫米的输油管供装卸使用。拖船的功率最大为 2 205 千瓦。干散货码头最大可靠 7 万载重吨的船舶，集装箱码头能靠第三代集装箱船。港区堆场面积达 12 万平方米，仓库面积为 4.5 万平方米，还有货棚面积 15 万平方米。

该港主要出口货物为纺织品、黄麻、矿石、面粉、花生、棉花、煤、糖、植物油及杂货等，是世界上最大的纺织品出口港，有“棉花港”之称。进口货物主要有石油、钢铁、粮谷、水泥、木材、机械、橡胶及化工品等。

3．卡拉奇港

【港口英文名称】KARACHI

【所属国家地区】巴基斯坦

【港口代码】KAR

【港口时区】GMT+5

【所在位置】N24° 49′　E66° 59′

卡拉奇港位于巴基斯坦南部沿海印度河三角洲的西南部，濒临阿拉伯海的北侧，是巴基斯坦的最大港口。它是全国工商业和文化中心。工业产值占全国的 40%，主要工业有造船、钢铁、机床、水泥、黄麻加工、纺织及玻璃等。港口有公路和铁路通达国内各主要城市和工农业区，距机场约 13 公里，有定期航班飞往世界各地。

该港属热带沙漠气候，盛行西风和西南风。年平均气温 22～29 摄氏度，年雾日有 28 天。全年平均降雨量达 200 毫米，雷雨日有 14 天。大潮平均潮高 2.7 米，小潮平均潮高 0.4 米。

装卸设备有各种岸吊、可移式吊、集装箱吊、浮吊、胎式龙门吊、铲车及牵引车等，其中浮吊最大起重能力达 125 吨。油码头最大可靠 7.5 万载重吨油船。集装箱码头备有船对岸集装箱吊及多台龙门吊。港区货棚及仓库面积达 28 万平方米，露天堆场 47 万平方米。大船锚地水深 16 米。该港出口加工区始建于 1979 年，面积达 500 万平方米。主要出口货物有大米、小麦、纺织品、地毯、棉花、羊毛及皮革制品等，进口货物主要有石油、机械、交通设备、电器产品、燃油、钢铁及化工产品等。

巴基斯坦 95%以上的外贸物资及阿富汗的部分进出口货物都经过该港。主要贸易对象有美国、日本、德国、英国和沙特阿拉伯等。

4．亚丁港

【港口英文名称】ADEN

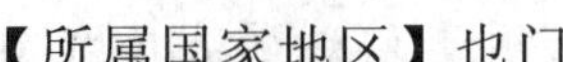

【所属国家地区】也门

【港口代码】ADE

【港口时区】GMT+3

【所在位置】N12° 47′　E44° 57′

亚丁港位于也门西南沿海亚丁湾的西北岸，扼红海与印度洋的出入口，是欧洲、红海至亚洲、太平洋之间的交通要冲，地理位置非常重要。它是也门的最大海港，并有世界第二大加油港之称，还是一个主要从事转口贸易的港口。港口距国际机场约 9 公里，有定期航班飞往世界各地。

该港属热带沙漠气候，盛行西南风，炎热干燥，最高曾达 45.7 摄氏度。5～8 月会出现沙暴，能见度极差。全年平均降雨量约 300 毫米，高潮平均潮高 2 米，低潮平均潮高 0.5 米。

该港分内港和油港，内港在亚丁半岛的西北部，主要码头泊位有 27 个，水深 12.5 米，可同时停靠 30 多艘万吨级船舶，其中包括 2 个集装箱泊位，岸线长 900 米，水深 11 米；油港在小亚丁半岛的东北部，有 4 个泊位，最大可靠 6.5 万载重吨的油船。大船锚地水深达 16.5 米。装卸设备有各种岸吊、门吊、浮吊、集装箱吊及滚装设施等，其中门吊最大起重能力为 40 吨。拖船的功率为 1 471 千瓦。另有海底管道供装卸停泊使用。

亚丁港是一个重要的加油港，有水下油管直通岸上，能同时为 15 艘海船加油上水。目前亚丁炼油厂每年炼油 800 万吨左右，能为 500 艘巨轮提供燃料，所以亚丁又成为供应国际远洋船舶燃料的重要基地之一。该港自由贸易区始建于 1970 年，面积 5.5 万平方米。年货物吞吐能力约 1 500 万吨，集装箱吞吐能力约 5 万标准箱。

主要出口货物有皮革、咖啡、盐、石油制品、鱼类、棉花、树胶及杂货等，进口货物主要有谷物、棉布、丝绸、家禽、金属、原油及各种食品等。该港在节假日期间照常装卸作业。

（二）波斯湾地区的主要港口

波斯湾沿岸和湾内重要港口有：阿巴丹、哈尔克岛、腊斯塔努腊、布什尔、巴士拉、法奥、科威特、阿布扎比和迪拜等。其中腊斯塔努腊港、哈尔克岛港是世界最大的两个石油输出港。

※1. 巴士拉港

【港口英文名称】BASRA

【所属国家地区】伊拉克

【港口缩写】BAS

【时区】GMT+3

【所在位置】N30° 32′　E47° 49′

巴士拉港位于伊拉克东南阿拉伯河西南岸，至阿巴丹港 29 海里，至法奥港 78 海里，距苏莱曼港 338 海里，至阿巴斯港 518 海里，至科轮坡港 2 347 海里。港口西北有铁路、公路通首都巴格达，公路东通法奥，南北输油、气管道通达法奥。港区位于市区以东，沿河南岸向西北顺延，自下游至上游有以下主要码头。①油库码头，在 SULIYA H 河口北，木质水泥结构，可泊 175 米长油轮，后方为炼油厂和油库。②粮食码头，呈倒“L”型，码头长 213 米，可泊 183 米长、吃水 8.84 米的船，码头上有 6.5 万吨粮库，装卸机

每小时效率 1 050 吨。③ABU FLUS 码头，钢质突堤，有 4 个泊位，可泊最大长度 171～182 米、吃水 8.84 米的船。④船厂和海军码头。⑤马基勒散杂码头，共 14 个顺岸泊位，码头线总长 2 000 米，沿边水深 9.15 米。港口在两伊战争后，受到严重破坏，特别是河道淤塞，尚待修复。现主要使用其南的乌姆卡斯尔港。主要出口石化产品、椰枣、羊毛和棉花等，进口纺织品、粮食、糖、茶叶、机电设备、汽车和其他消费品等。

2．科威特港

【港口英文名称】KUWAIT

【所属国家地区】科威特

【港口缩写】KUW

【时区】GMT+3

【所在位置】N 30° 32′　E 47° 45′

科威特港位于科威特东部沿海科威特湾的进口南岸，濒临波斯湾（PERSIAN GULF）的西北侧，是科威特的主要港口之一。港口所在城市科威特城是科威特的首都，是全国政治、经济、文化和交通中心。该港早在 20 世纪 50 年代就实现了现代化，是世界第四大产油国，石油输出居世界第二。主要工业有石油化工、皮革、化肥、食品加工、造船、地毯、制砖、金属工业、面粉、水泥及珍珠采集等。该港还是海湾沿岸小港的转口港，港口距机场约 17 公里。

该港属热带沙漠气候，盛行北风和西北风。气温夏季最高达 48 摄氏度，冬季最低为 4 摄氏度。夏季常受西南沙漠吹来的干热风影响。全年平均降雨量 100 毫米，冬季占全年的雨量 60%。大潮平均潮高为 3.4 米，小潮平均潮高为 0.5 米。

装卸设备有各种岸吊、可移式吊、集装箱吊、卸粮机、装货机、拖船及滚装设施等，其中可移式吊最大起重能力达 30 吨，拖船功率最大为 1 765 千瓦。港区仓库面积达 17.4 万平方米，露天堆场面积达 48.8 万平方米，集装箱堆场面积达 26 万平方米。装卸效率为水泥每小时 350 吨，粮谷每小时 250 吨。大船锚地水深达 20 米。年货物吞吐能力约 6 500 万吨。主要出口货物为石油、天然气、化工产品、羊毛、皮革及珍珠等，进口货物主要有水泥、车辆、食品、建筑材料、机械设备及杂货等。

3．腊斯塔努腊港

【港口英文名称】RAS TANURA

【所属国家地区】沙特阿拉伯

【港口缩写】RTA

【时区】GMT+3

【所在位置】N26° 40′　E50° 6′

腊斯塔努腊港是沙特阿拉伯东部最大油港，位于该国东海岸的塔努拉角及外海，东距霍尔木兹海峡航路连接点 366 海里，距科伦坡港 2 150 海里。西南邻世界上最大的加瓦尔大油田。塔努拉角近岸油码头是由塔努腊半岛向东伸出的两个“T”字型突堤组成。南突堤内外侧有 4 个水深 3.4～9.4 米泊位，北突堤内外侧有 6 个水深 11.8～15.8 米泊位。两突堤相距 0.75 海里。离岸油码头在北突堤东北约 2 公里的海域，由 4 个人工岛组成，每个岛上有 2 个泊位，水深均达 26.6 米，能停靠 35 万吨级油轮。各岛都有海底输油管

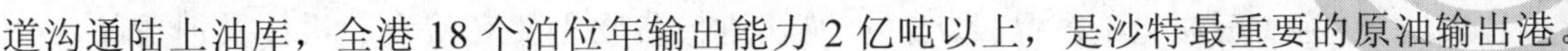

道沟通陆上油库，全港 18 个泊位年输出能力 2 亿吨以上，是沙特最重要的原油输出港。

4. 哈尔克岛港

【港口英文名称】KHARG ISLAND

【所属国家地区】伊朗

【港口缩写】KGI

【时区】GMT+3:30

【所在位置】N29° 14′ E50° 19′

哈尔克岛港是伊朗原油输出港，位于波斯湾西北部，伊朗布什尔省岸外约 40 公里的哈尔克岛东南和西南。岛南的输油码头呈“T”字型，由陆向东伸向海洋约 1 200 米，顶端南北伸展 1 800 英尺，内外侧分布有 10 个石油泊位。外侧的 1、3、5、7、9 号泊水深 17.4～21.3 米，能停靠 14～25 万吨级油轮；内侧 5 个双号泊位可停靠 3.8～12.0 万吨级油轮。岛西南输油码头离岸约 1 500 米，西部东南伸展 555 米，有内外 4 个泊位，水深达 26～32 米。外侧的 11、15 号是 50 万吨级泊位；内侧的 12、14 号是 30 万吨级泊位。岛东南还有大流士（SARIUS）和希姆科（KHEMCO）输油码头。哈尔克岛是个仅 49 平方公里的小岛，因周围水深，又靠近伊朗主要油田，20 世纪 70 年代初选中在此建立现代化大油港。岛上布满油库等石油设施，有 6 条大口径输油管道往海底通达油田。码头上装油能力每小时达 6 万吨，全港年输油能力 2 亿吨以上，是世界最大输油港之一。两伊战争中该港曾遭破坏，原油输出一度中断，战后已经修复。

5. 迪拜港

【港口英文名称】DUBAI

【所属国家地区】阿联酋

【港口缩写】DUB

【时区】GMT+4

【所在位置】N 25° 16′ E 55° 16′

迪拜港位于阿联酋东北沿海，濒临波斯湾的南侧，是阿联酋最大的港口，也是集装箱大港之一。该港地处亚欧非三大洲的交汇点，是中东地区最大的自由贸易港，尤以转口贸易发达而著称。它是海湾地区的修船中心，拥有名列前茅的百万吨级的干船坞。主要工业有造船、塑料、炼铝、海水淡化、轧钢及车辆装配等，还有年产 50 万吨的水泥厂。长期以来该港还是波斯湾南岸的商业中心。它有全国最大的迪拜国际机场，每天有定期航班飞往世界各地。

该港属热带沙漠气候，盛行西风和西北风。年平均气温 20～30 摄氏度，最高曾达 46 摄氏度。全年平均降雨量约 100 毫米，12 月至次年 2 月雨量最多，约占全年 2/3。大潮平均潮高为 2 米，小潮平均潮高为 0.8 米。

港区主要码头泊位有 18 个，岸线长 4 265 米，最大水深 13.5 米。装卸设备有各种岸吊、可移式吊、集装箱门吊、装卸桥、跨运车及滚装设施等，其中集装箱门吊最大起重能力达 40 吨。油码头最大可靠 7 万载重吨的油船，有油管与油罐相接。港区钢架转运货棚长达 1 460 米，还拥有带有空调的集装箱仓库以及能承接与分流各种商品的货场，商品主要包括石油制品、易腐烂品、汽车、冷藏品及木材等。主要出口货物除石油外，还

有天然气、铝锭、石油化工产品及土特产等，进口货物主要有粮食、机械及消费品。

迪拜是中东地区著名的全球性商业大都市。由于地处东西方交流的咽喉要道，经常作为欧亚经济活动的中心。如今的迪拜不仅是通往波斯湾沿岸地区，也是通往南非、印度、中亚以及东欧各国的重要门户。1970 年，迪拜拉什德港（PORT RASHID）正式运营。1979 年，世界最大的人工港迪拜杰贝拉里港（PORT JEBELALI）开始投入使用。经过近多年的努力，迪拜不仅成为波斯湾地区的第一大港，在世界港口航运业中也占有举足轻重的地位。目前，约有 125 家海运公司的航线经过迪拜。由此可见，迪拜已跻身世界主要港口之一，成为世界首屈一指的中转贸易港口。其实，迪拜的功能定位已远远超过了原来的单一港口，因为它不仅是物资运往国内市场的中转中心，而且作为周边地区的物流基地，也发挥了重要的作用。这里的周边地区既包括海湾合作组织的各成员国（沙特阿拉伯、科威特、巴林、阿曼和阿联酋等），还包括印度次大陆、前独联体国家和南非、东非和北非的广大地区。

（三）非洲东部地区的主要港口

※1．蒙巴萨港

【港口英文名称】MOMBASA

【所属国家地区】肯尼亚

【港口代码】MOM

【时区】GMT+3

【所在位置】S4° 7′ E39° 40′

蒙巴萨港位于肯尼亚东南沿海的蒙巴萨岛上，有铁路桥和海堤与大陆相连，濒临印度洋的西侧，是肯尼亚的最大港口，也是东非的最大港口之一。该港是东非的工商业中心，主要工业有炼油、纺织、修船、水泥及农产品加工等。肯尼亚、乌干达的大部分外贸物资及卢旺达、坦桑尼亚以至扎伊尔东部、苏丹南部的一部分货物均由此中转。蒙巴萨国际机场有定期航班飞往世界各地。该港属热带草原气候，盛行东南风。年平均气温约 24 摄氏度，全年平均降雨量约 1 200 毫米。平均潮差约为 1.8 米。

港区主要码头泊位有 16 个，岸线长 2 343 米，最大水深 13.4 米。装卸设备有各种岸吊、可移式吊、龙门吊、集装箱吊、抓斗吊、轮胎移动吊及滚装设施等，其中集装箱最大起重能力为 40 吨。港区转运货棚面积达 9.2 万平方米，另有冷库及货场等。码头最大可靠泊 6.5 万载重吨的船舶。蒙巴萨港位于非洲东岸中部，而由此向北直到红海几乎再没有大港，向南直到南非只有德班港才能与其媲美，因此它是非洲东岸最大的港口。蒙巴萨港的条件在东非诸多港口中首屈一指。

主要出口货物为象牙、皮张、纤维、棉花、茶叶、椰干、咖啡、木材、糖浆、肉类及奶制品等，进口货物主要有机械、车辆、纺织品、粮食、建材、食品、糖及工业品等。该港在圣诞节一般封港。

※2．达累斯萨拉姆港

【港口英文名称】DAR-ES-SALAAM

【所属国家地区】坦桑尼亚

【港口代码】DRS

【时区】GMT+3

【所在位置】S6° 40′　E39° 27′

达累斯萨拉姆港位于坦桑尼亚东部沿海的达累斯萨拉姆湾内，濒临印度洋的西侧，是坦桑尼亚最大的海港，也是东非著名港口之一。该港交通运输发达，有横贯坦桑尼亚的中央铁路，东起达累斯萨拉姆，西起坦噶尼喀湖畔的基戈马（KIGOMA）。该港的工业产值约占全国的一大半，主要工业有炼油、轻纺、机械、化肥、食品、水泥、机车修理、农具修配及火力发电等。港口距国际机场约 3.6 公里，有定期航班飞往世界各地及国内主要城市。

该港属热带草原气候，12 月至次年 2 月盛行北风和东北风，4～7 月盛行南风和西南风，8～11 月盛行东风。年平均气温 1 月最高，为 31 摄氏度，7 月最低，为 19 摄氏度。8～9 月偶有大风，极少有雾。全年平均降雨量约 1 000 毫米，3～5 月为雨季。大潮平均潮高为 3.1 米，小潮平均潮高为 0.94 米。

该港水域开阔，约有 95 万平方米，港内具备良好的避风浪条件，即使外口有强风大浪，对港内也没有大的影响。港区主要码头泊位有 11 个，岸线长 2 016 米，最大水深为 10 米。装卸设备有各种岸吊、门吊、可移式吊、浮吊、集装箱吊、驳船、拖船及滚装设施等，其中最大起重能力达 120 吨。散装码头可靠泊 3 万载重吨的散货船，油船突堤码头可泊 3.6 万载重吨的油船。大船锚地水深达 15 米。主要出口货物为剑麻、茶叶、棉花、豆饼、木材、咖啡、铜及油籽等，进口货物主要有钢铁、棉制品、食品、机械、石油及车辆等。该港在节假日中，圣诞节及国际劳动节全天不工作。

练一练

在地图册上查找印度洋航区的主要港口的位置，在相关业务单据上填写港口的中英文名称和代码。

※3. 德班港

【港口英文名称】DURBAN

【所属国家地区】南非

【港口代码】DUR

【时区】GMT+2

【所在位置】S29° 54′　E31° 4′

德班港位于南非东部沿海德班湾的北侧岸，濒临印度洋的西南侧，是南非最大的集装箱港。港口距博塔机场约 27 公里，每天有定期航班飞往约翰内斯堡，与国内外航班相接连。该港属热带草原气候，盛行西南风和东北风。年平均气温约 20 摄氏度。全年平均降雨量约 1 000 毫米。大潮平均潮高约为 1.8 米，小潮平均潮高约为 0.7 米。

该港有防波堤围护，水域面积达 16 万平方米。港区主要码头泊位有 43 个，岸线长 9 230 米，最大水深 12.8 米。装卸设备有各种岸吊、可移式吊、集装箱吊、浮吊、汽车吊、皮带输送机及滚装设施等，其中岸吊最大起重能力为 80 吨，浮吊达 200 吨，还有直径为 203.2～254 毫米的输油管供装卸使用。装卸效率为谷物每小时装 1 290 吨，每小时卸 1 250 吨；锰矿每小时装 400 吨；煤每小时装 1 100 吨；糖每小时装 700 吨。该港油船海上单点系浮最大可泊 30 万载重吨的超级油船。港区有露天堆场可存 20 万吨货物，糖库容量达 52 万吨，集装箱堆场面积达 102 平方米。大船锚地水深为 18 米。

德班港主要出口货物为锰矿、钢材、黄金、煤炭、铁矿、糖、花生、玉米、羊毛、皮张、柑桔及生铁等；进口货物主要有小麦、机械、化肥、原油、交通设备、纺织品、木材、纸张、茶叶及化工产品等。

三、大西洋航区的主要港口

（一）地中海沿岸的主要港口

地中海是欧洲及北非等航线上的重要航区。地中海位于亚洲的西部、欧洲的南部、非洲的北部，三大洲的交汇处，加之该地区海洋处于陆地包围之中，风浪小，有利于海上航行，因此自古以来就是亚、欧、非各州往来最频繁的地区。重要的港口有以下几个。

1．塞得港

【港口英文名称】PORT SAID

【所属国家地区】埃及

【港口代码】PSD

【时区】GMT+2

【所在位置】N32°4′ E32°28′

塞得港位于地中海东南部，苏伊士运河北端，处于世界航运要冲，是埃及的第二大港，也是世界石油和煤炭的储存港之一，还是苏伊士运河北端的补给和中转港。

港口原主要部分在运河出入航道西岸，港内水域 1.9 平方公里，水深 10 米以上，设有 38 个浮筒泊位，供过河船舶停泊补给，货物装卸周转很少。1985 年当局在港口之南 7.5 公里西岸处建成 2 个大型集装箱和多用途泊位，使港口开始向多功能转化，建成后港口吞吐能力可达 700 万吨。港区有码头 23 个，最大水深 13.7 米。主要出口货物为棉花、卷烟、皮革、棉籽及盐。主要进口货物有机械、食品、煤、酒、建材、石油制品和金属制品等。集装箱吞吐排名非洲第三位。

※2．亚历山大港

【港口英文名称】ALEXSANDRIA

【所属国家地区】埃及

【港口代码】ALY

【时区】GMT+2

【所在位置】N31°11′ E29°52′

亚历山大港位于地中海南岸，埃及尼罗河三角洲的西北部，是埃及最大的商港，自古代开始就是地中海重要的商业和贸易中心。这里是重要的棉花市场和棉纺工业基地。港区拥有码头 60 个，最大水深 10.6 米。

主要出口货物为棉花、矿石、水果、糖浆、盐、纺织品、粮食、轮船、棉纱、粘土及农产品等，进口货物有钢铁、汽车、茶叶、咖啡、木材、轻重型机械、烟草及工业品。埃及每年 80%～90%的外贸货物都经该港中转。

3．热那亚港

【港口英文名称】GENOA

【所属国家地区】意大利

【港口代码】GOA

【时区】GMT+1

【所在位置】N44°25′　E8°55′

热那亚是意大利利古里亚行政区的首府，人口约 80 万，城市依山傍水，顺地势沿海岸发展，气候宜人，风景秀丽。该市运输、造船和旅游业发达，为意大利造船中心，全国三分之二的船舶在此建造，兼有炼油、石油化工、机械制造及钢铁等工业。至瑞士和德国的中欧输油管道亦以此为起点。热那亚港濒临热那亚湾，为意大利最大的港口，港区水域面积 45 平方公里。港口航道平均水深 12 米，拥有泊位 200 多个，有能停靠 50 万吨的泊台，是南欧重要港口之一。

对于穿越苏伊士运河到达欧洲的航线，地中海港口比其竞争对手北欧港口具有先于 3～7 天到港的优势，而且南欧铁路的可靠性优于北欧。目前南欧港口年平均增长率为 12.9%，北欧港口为 9.2%。为了扩大经营范围，热那亚港将未来发展的目光定位于欧洲中部地区潜在的广阔市场，特别是瑞士、奥地利和德国南部地区市场。

港口出口货物主要为机器、石油制品、纺织品、汽车、拖拉机和食品等；进口货物主要有石油、古物、煤、矿石、木材及其他各类原料等。

4．马赛港

【港口英文名称】MARSEILLES

【所属国家地区】法国

【港口代码】MRS

【时区】GMT+1

【所在位置】N43°18′　E5°22′

马赛港位于法国东南沿海利翁湾东北岸，濒临地中海的西北侧，包括福斯及布克等港区，是法国最大的海港。该港背山面海，没有强劲的潮汐和海流，航道安全、昼夜通航，是一个天然良港，现已发展为地中海的最大商港，是欧洲第三大港，世界大型客运港之一，也是法国最大的港口。这里靠近罗纳河的出海口，而该河谷自古以来就是南欧至中欧的“走廊”。由于接近波斯湾和北非两个石油产地，故这里成为欧洲重要的石油进口港，石油进口占全部进口量的 85%以上。主要工业有炼油、纺织、食品、石油化工、造船及机械等，是欧洲第二大化学工业区，并集中了法国 40%的石油加工工业。

该港共包括四个港区：马赛、福斯、布克及圣路易罗拉港区。码头岸线总长约 70 多公里。装卸设备有各种岸吊、门吊、可移式吊、抓斗吊、集装箱吊、浮吊及滚装设施等，其中浮吊的起重能力最大达 600 吨，还有直径为 406.4～1 066.8 毫米的输油管道供装卸石油使用。

马赛港属亚热带地中海式气候，盛行西北风，夏天多南风和西南风。年平均气温最高 33 摄氏度，最低约−11 摄氏度。全年平均降雨量约 700 毫米。大潮平均潮差为 0.4 米，

小潮平均潮差为 0.3 米。

（二）欧洲北大西洋沿岸的主要港口

1．勒阿弗尔港

【港口英文名称】LE HARRE
【所属国家地区】法国
【港口代码】HAV
【时区】GMT+0
【所在位置】N49°29′ E0°07′

勒阿弗尔港位于法国西北沿海塞纳（SEINE）河口北岸，濒临塞纳（SEINE）湾的东侧，是法国第二大港和最大的集装箱港，也是塞纳河中下游工业区的进出口门户。该港承担法国与南、北美洲之间的货物转运，并且是来往西班牙、葡萄牙、爱尔兰和苏格兰的理想中转港口，能比北欧港口节约三四天时间。该港还有高速公路与铁路通往巴黎，仅需 2 小时，并与整个法国和西欧地区连接起来。主要工业有造船、机械、石油化工、木材加工、电工器材及食品等。港口距机场约 7 公里，有定期航班飞往巴黎等地。

该港属温带海洋性气候，盛行西风和西南风，冬温夏凉，常年有雨。年平均气温最低约–7 摄氏度，最高约 31 摄氏度。全年平均降雨量约 800 毫米。大汛高潮为 7.8 米，低潮为 1 米，小汛高潮为 6.4 米，低潮为 2.7 米。平均潮差约 6.7 米。该港是一个深水港，可以昼夜不断地接待各种船舶。每年来港的船舶约有 8 000 余艘，其中集装箱船达 3 500 艘，大小班轮公司约 250 家与全世界 500 多个港口通航。

主要进口货物为原油、煤、矿产品、皮革、纺织品、服装、肉类、电力机器及金属件等，出口货物主要有机器、车辆、石油产品、粮谷、纸张、运输设备、塑料原材料及杂货等。

2．伦敦港

【港口英文名称】LONDON
【所属国家地区】英国
【港口代码】LON
【时区】GMT+0
【所在位置】N51°30′ W0°05′

伦敦港位于大不列颠岛东南，东距泰晤士河口 80 公里，是英国最大的港口，也是世界航运中心，集中了世界各地的船舶和船舶公司的代表机构，有世界上最大的保险组织—劳合社（LLOYD'S）。该港属温带海洋性气候，以西偏南风为主，多阴雨云雾，秋、东季节常有雾。年平均气温 1 月最低约–1 摄氏度，7 月最高约 22 摄氏度。全年平均降雨量约 800 毫米。大潮平均潮差为 5.2 米，小潮平均潮差为 3.4 米。

整个港区包括印度及米尔瓦尔（INDIA ANDMILLWALL）、蒂尔伯里（TILBURY）和皇港区（ROYAL），水域面积达 207 万平方米，大量的封闭式港池群是该港的一大特色。装卸设备现代化，有各种岸吊、可移式吊、集装箱吊、突堤吊、门吊、跨运车、叉车、载运车及滚装设施等，还有起重能力达 200 吨的浮吊及直径为 152.4～406.4 毫米的输油管供装卸使用。码头上装备了雷达计算机管理及检测系统，是目前世界上最具现代化的自动化管理系统。

主要进口货物为石油、煤炭、钢铁、木材、矿石及粮谷等，出口货物主要有水泥、机械、车辆、石油制品、化工产品及日用杂货等。

3. 利物浦港

【港口英文名称】LIVERPOOL

【所属国家地区】英国

【港口代码】LIV

【时区】GMT+0

【所在位置】N53° 25′ W3° 00′

利物浦港位于英国西部沿海的默西（MERSEY）河口，利物浦湾的东岸，濒临爱尔兰海（IRISHSEA）的东南侧，是英国主要海港之一，也是英格兰中部兰开夏（LANDCASHIRE）工业区的出海门户。港口始建于 1207 年，在 15 世纪中叶因与爱尔兰之间的贸易而兴起。17 世纪末，贸易扩大到西印度群岛。它是英国主要的造船和修船中心。主要工业有电器仪表、化学、柴油机、喷气发动机、食品和纺织工业等。

该港属温带海洋性气候，以西南和西风为主，最大风力可达 10 级。年平均气温在 10～20 摄氏度，每年 4～9 月份多海雾，持续时间为 6～10 小时，最长可达 2～3 天。全年平均降雨量达 1 000 毫米。大潮平均潮差达 8.3 米，小潮平均潮差达 4.2 米。

码头拥有各种现代化的装卸设备，如高效除尘设备和仓库自动操纵系统。集装箱码头有龙门吊和集装箱跨运车，有集装箱堆场 22 万平方米，后方场地 26 万方米。该港有杂货仓库约 150 万吨，烟草仓库约 6 万吨及冷藏库约 22 万立方米以及最大起重能力达 1 000 吨的重吊设施。

港口主要出口货物为钢铁制品、机器、汽车、化工品、玻璃、精制糖及肥皂等，进口货物主要有粮谷、煤、矿石、木材、石油、糖、棉花、羊毛、肉、面粉及饲料等。

4. 阿姆斯特丹港

【港口英文名称】AMSTERDAM

【所属国家地区】荷兰

【港口代码】AMS

【时区】GMT+1

【所在位置】N52° 22′ E4° 54′

阿姆斯特丹港位于荷兰西部沿海的北海运河上，有艾默伊登港的船闸与北海沟通，是荷兰第二大海港，也是世界上第一大可装卸港口。阿姆斯特丹 19 世纪定为荷兰首都，是荷兰的政治、经济和文化中心。工业主要有造船、电子、化学、钢铁、机械、食品及纺织等。阿姆斯特丹有欧洲最具现代化的国际机场，又是欧洲著名的文化艺术城市、旅游中心。与威尼斯一样，它还是一座水城，由 100 多条河道把城市分割成为 100 多个小岛，又有 600 多座桥梁将它连成一体，颇具自己的特色。

该港属温带海洋性气候，盛行偏西风，气候温和潮湿。年平均气温最低约 2 摄氏度，最高约 19 摄氏度。全年平均降雨量约 600 毫米。由于有船闸相隔，所以港内无潮差影响。该港水域面积达 618 公顷，码头岸线总长为 23 公里。装卸设备有各种岸吊、可移式吊、

抓斗吊、高速门吊、重型塔吊、集装箱吊、浮吊、吸扬机、筛选机及滚装设施等。干散货码头的高速门吊最大起重能力达 50 吨，并有自动计数系统，可仓储面积为 20 万平方米。谷物码头最大可靠 10 万载重吨的船舶；煤炭码头可装卸煤炭、焦炭、细焦炭和焦炭粉等；集装箱码头的集装箱吊外伸横距达 36 米，并附有 12 米距离的调节器（SPREADERS）；还有 45 吨的铁道移动式集装箱吊运车，旋转跨距达 40 米，并装有回转幅度和可调节的伸张器，可为 3 条路轨服务。油码头最大可靠 10 万载重吨的油船，有直径为 152.4～203.2 毫米的输油管，每小时装卸原油约 2 000 吨。

港区与欧洲内陆之间的公路、铁路和水路交通十分方便，而且附近有斯希普霍尔空港。主要进口货物为谷物、矿砂、煤、化肥、原油、可可粉、咖啡、纸张、机器、化工品及杂货等，出口货物有焦炭、油、小麦、化肥、金属器皿、运输设备、化工产品、肉及日用品等。

5．安特卫普港

【港口英文名称】ANTWERP

【所属国家地区】比利时

【港口代码】ANT

【时区】GMT+1

【所在位置】N 51° 14′ E 4° 23′

安特卫普港位于比利时北部沿海斯海尔德河下游右岸，有 2 条河底隧道相通，西距北海约 50 海里，东有阿尔贝特运河直通马斯河，是比利时的最大海港。目前已发展为欧洲第二大港，也是国际钻石的重要贸易地，还是世界著名的亿吨大港之一。杂货运输尤为繁忙，其海运货物年吞吐量达 1.5 亿吨，杂货约 7 000 万吨，主要包括钢铁制品、林木产品、汽车及水果等。该港的杂货吞吐量已超过鹿特丹位居欧洲之首，而集装箱吞吐量则名列鹿特丹和汉堡之后，位居第三。它是比利时第二大工业中心，主要工业有炼油、化学、汽车、钢铁、有色冶炼、机械、造船等。

该港属温带海洋性气候，盛行西北风。冬季潮湿多雾，夏季凉爽。年平均气温 1 月最低为 4 摄氏度左右，7 月最高约 18 摄氏度。全年平均降雨量约 750～900 毫米，斯海尔德河的潮差为 4.2～4.5 米。装卸设备有各种岸吊，龙门吊、可移式集装箱吊、可移式桥吊、抓斗装卸桥、浮吊、卷扬机、皮带输送机及滚装设施等，其中浮吊最大起重能力达 150 吨。谷物码头卸货每小时 1 100 吨，装驳船速度每小时 1 400 吨；烧碱码头装货速度每天为 6 000 吨；矿石码头卸矿速度每天达 48 000 吨。港内设施完善，堆场仓库面积近 300 万平方米，油库容积达 98 万立方米。主要进口货物为矿砂、煤、石油、木材、羊毛、棉花、粮食、铜、橡胶及咖啡等，出口货物主要有煤、水泥、钢铁、焦炭、机械、铁路设备、玻璃、纺织品及化工产品等。

6．鹿特丹港

【港口英文名称】ROTTERDAM

【所属国家地区】荷兰

【港口代码】ROT

【时区】GMT+1

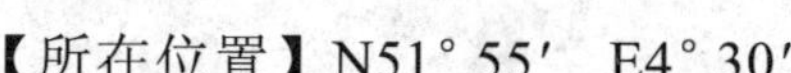

【所在位置】N51° 55′　E4° 30′

鹿特丹港位于荷兰西南沿海莱茵河和马斯河两大河流入海汇合处所形成的三角洲上。自20世纪60年代以来一直是世界货运第一大港，是莱茵河流域的进出门户。该港所在城市鹿特丹现为荷兰第二大城市，水、陆、空的交通枢纽，重要的商业和金融中心。该港属温带海洋性气候，盛行西南风，冬温夏凉。年平均气温1月份最低2～3摄氏度，7月份最高17～19摄氏度。全年平均降雨量约700毫米。大潮平均潮差为1.7米，小潮平均潮差为1.5米。

装卸设备有各种岸吊、门吊、可移式吊、全旋转浮吊、集装箱吊、桥吊、散货装卸机、跨运车、叉车、拖车及滚装设施等，还有直径为101.6～406.4毫米的输油管等。码头自1981年开始使用电子计算机导航系统，具有现代化的装卸设备。矿石码头可以接纳8万载重吨的散装船，办理铁矿石及硫磺等转运业务；谷物码头最大可泊20万载重吨的船舶，煤码头有1台85吨的第四代卸船机；散货码头是世界上最大的散运和堆储码头；石油码头是该港规模最大的码头之一，曾停靠过35万载重吨的超级油船，并有五座大型炼油厂。该港有世界上最大的集装箱码头——“ECT-DE-LTA”码头，全长1 600米，共4个集装箱泊位，码头纵深900米，码头前沿水深15米，可接纳第五代集装箱船进行装卸。

鹿特丹港既是世界货物吞吐量最大的港口，又是西欧的商品集散中心，还是欧洲最大的集装箱港口。它不仅是荷兰的国际贸易门户，而且是整个欧洲的物资流通基地，对整个欧洲的经济发展起着十分巨大的作用。美国向欧洲出口货物的43%，日本向西欧市场出口货物的34%都经过鹿特丹中转。德国经过鹿特丹的进出口货物几乎超过了其国内港口的总吞吐量。从鹿特丹到欧洲各大城市之间都有定期的集装箱列车，还可进行铁路、公路间的集装箱联运。鹿特丹港还可利用以莱茵河和马斯河为中心，向四面八方延伸的内河水路网进行驳船运输。

该港每年进出船舶达3.5万多艘，每天可同时停靠300多条船，定期远洋班轮达1.2万多航次。在进口海运货量中，只有23%是荷兰所需，其余77%是再转口去其他欧洲国家。主要进口货物为石油、谷物、矿石、煤、木材、水果、油籽、化肥、燃油及杂货等，出口货物主要有煤、生铁、化工产品、石油、钢铁制品、化肥及杂货等。该港可承接各种类型船舶的修造任务，有各种大小的船坞，最大可容纳50万吨级的船舶。

7. 汉堡港（如图5-7）

【港口英文名称】HAMBURG

【所属国家地区】德国

【港口代码】HAM

【时区】GMT+1

【所在位置】N53° 33′　E9° 59′

汉堡港位于德国北部易北河下游的右岸，距入海口100余公里，是德国最大的港口，也是欧洲第二大集装箱港。该港始建于1189年，迄今有800多年的历史。2008年货物吞吐量为1.404亿吨，集装箱处理量为970万箱（数据来自中国国际海运网）。

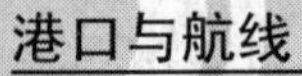

图 5-7　德国汉堡港

该港属温带海洋性气候，全年多偏西风，气候温和湿润，冬雨较多。年平均气温最低月份为–4 摄氏度，7 月份最高为 20 摄氏度。全年平均降雨量约 800 毫升。平均潮差为 2.8 米。港口码头岸线长 39 公里，有海港港池 40 个，河港港池 30 个，运河及支流上的港池 60 多个。有远洋船泊位 300 多个，内河船泊位 200 多个。港口总面积 100 平方公里。

港口由 7 个港区组成：易北河港区，靠市区，水深 8 米，用于吞吐散杂货；东港区，水深 10 米，主要吞吐水果；西港区，水深 11 米以上，吞吐杂货，有班轮专用码头；瓦尔特斯豪夫港区，水深 14 米，是集装箱和滚装船专用港区；5 号区和 6 号区是粮食、食油、原油和煤炭专用港区；德拉登瑙港区，设有纸浆和干散货码头。

该港设备先进，机械化、自动化程度高，被誉为“欧洲最快的转运港”。装卸设备有各种岸吊、桥吊、可移式吊、抓斗吊、汽车吊、浮吊、吸扬机、输送带、铲车及滚装设施等，其中浮吊最大起重能力达 1 200 吨。吸扬机装卸谷物的效率每小时为 1 300 吨。在欧罗巴集装箱码头有超巴拿马型的集装箱装卸桥，负荷 80 吨，吊臂伸展跨距至岸边铁道外 48 米，向内可伸展 23.5 米，在起重高度 31 米时，起吊负荷为 68 吨。码头上露天货场为 82 万平方米，货棚为 105 万平方米（另有 12 万平方米可调节温度），油库总量达 380 万吨，粮仓容量为 74 万吨。

汉堡港被称为德国通向世界的门户，有近 300 条航线通向世界五大洲，与世界 1 100 多个港口保持着联系。每年进出港的船只达 1.8 万艘以上，铁路线遍及所有码头，车厢与船舶间可直接装卸。

汉堡港是世界最大的自由港，大多数中转货物都经过自由港，在 16 公里的范围内提供了世界上最大的免税区域，其中仓库面积达 60 万平方米，货棚面积达 76 万平方米。海关对报关的货物均不作检查，也不征收关税，只有在货物到达目的地后由当地海关检查和收税。这样对货主有很大的吸引力。一些货物进入汉堡自由港区后，不用提货，货主即可降低价格与客户洽谈生意。在自由港区内货物的堆存期没有规定，只要按要求支付堆存费和装卸费即可。该港主要进口货物为煤、木材、矿石、原油、棉花、粮谷、水果、羊毛、烟叶、菜油、冰肉、蛋白、橡胶、咖啡、可可及杂货等。出口货物主要有焦炭、水泥、钢铁、机器及零件、车辆、电气用品、石油、人造肥料、糖、盐、粮食、磁器、玻璃器皿、纸张及化工品等。

（三）北美北大西洋沿岸的主要港口

1．蒙特利尔港

【港口英文名称】MONTREAL

【所属国家地区】加拿大

【港口代码】MTL

【时区】GMT-5

【所在位置】N45° 30′　W73° 33′

蒙特利尔港是世界著名的小麦出口港，加拿大的最大集装箱港，也是世界最大的河港之一。该港所在城市蒙特利尔市早在 1642 年就有法国移民在此定居，是世界上除巴黎之外最大的法语城市，故有“小巴黎”之誉称。该港是加拿大最大的工商业和金融中心，全国最大的铁路枢纽，是横贯加拿大大陆桥的东桥头堡，西边太平洋沿岸的桥头堡是温哥华（VANCOUVER）港。主要工业有纺织、机器制造、钢铁、造船、电子仪器、服装、制鞋、食品加工、飞机制造、石油加工等。该港的国际机场是世界上最大的机场之一，距港口约 24 公里。

该港气候属温带大陆气候，1 月平均气温约–10 摄氏度，7 月平均气温约 20 摄氏度。该港全年可通航，但从 12 月下旬至次年 4 月初不能进行夜间航行。全年平均降雨量达约 1 000 毫米。

装卸设备有各种岸吊、可移式吊、集装箱吊、门吊、桥吊、汽车吊、拖船及滚装设施等，其中汽车吊最大起重能力达 200 吨，浮吊达 275 吨，岸吊达 300 吨。港区谷仓容量达 35 万吨，油库容量达 37 万吨。该港在 1968 年建立了加拿大第一个集装箱码头——曼彻斯特（MANCHESTER）码头，随着集装箱运输的发展，该港已成为加拿大第一大集装箱港，并以优越的地理位置在北大西洋航线上居于前列。许多班轮公司把该港作为北美的主要大门，从而提高了运往多伦多（TORONTO）、底特律（DETROIT）及芝加哥（CHICAGO）货物的转运速度。主要出口货物除小麦外，还有面粉、谷物、油类及杂货等，进口货物主要有煤、石油、糖及石油产品等。

2．多伦多港

【港口英文名称】TORONTO

【所属国家地区】加拿大

【港口代码】TOR

【时区】GMT-5

【所在位置】N43° 40′ W79° 25′

多伦多港位于加拿大东南部安大略湖西北岸，东北距蒙特利尔港约 260 海里，是加拿大的主要港口之一。多伦多港是加拿大重要的货物集散中心，该港有铁路线可以直达西部沿海的温哥华港，具有国际多式联运的有利条件，与首都渥太华及蒙特利尔港都很接近，距美国的纽约港只有 9 小时的车程。

工业仅次于蒙特利尔，主要工业有机械制造、肉类加工、电工器材、印刷、化学及服装等。港口距国际机场约 27 公里，每天有定期航班飞往世界各地。

该港属温带大陆性气候，1 月平均气温约–9 摄氏度，7 月平均气温约 20 摄氏度。每年圣劳伦斯（ST·LAWRENCE）河冬季结冰时，对船只开放季节为 4 月初至 12 月 20 日。全年平均降雨量约 1 200 毫米。

该港包括内、外港西部分，港区主要码头泊位有 20 个，岸线长 3 490 米，最大水深 9.2 米。装卸设备有各种岸吊、可移式吊、浮吊、集装箱吊及滚装设施等，其中岸吊的最大起重能力达 300 吨，还有直径为 200 毫米的输油管供装卸使用，港区仓库面积为 8 万平方米，货物堆场面积达 35.6 万平方米，集装箱码头拥有带 40 英尺框架的集装箱搬运车，最大起重能力为 56 吨，可以装卸 6.096 米和 12.192 米长的集装箱。主要出口货物为钢管、粮谷、废钢、石油产品、制成品及杂货等，进口货物主要有煤、水泥、钢铁、机械、糖、谷物、面粉、石油产品及杂货等。

3．纽约港

【港口英文名称】NEWYORK

【所属国家地区】美国

【港口代码】NYK

【时区】GMT-5

【所在位置】N40° 44′ W73° 55′

纽约港也叫新泽西港，位于美国东北部纽约州东南沿海哈德孙（HUDSON）河口东西两岸，在长岛西端的上纽约（UPPER NEW YORK）湾内，濒临大西洋的西北侧，是美国第一大城市和第一大港，是世界上最大的天然深水港之一。它是美国第三大集装箱港，又是美国出口废金属的最大港口。港区面积有 3 800 平方公里，有 9～14.6 米的深水泊位 400 多个，集装箱码头 37 个，是世界上港区面积最大的港口。整个港区有 140 多条货、客运输线通往世界各地。

纽约是美国最大的交通枢纽，是两条横贯美国东西大陆桥的桥头堡，即北太平洋铁路东起纽约，西至西雅图（SEATTLE）；联合太平洋铁路东起纽约西至旧金山（SAN FRANCISCO）。该港对外贸易总值约占全国的 40%左右。港口与纽瓦克、肯尼迪国际机场相距约 20 公里，有定期航班飞往世界各地。

该港属温带大陆性气候，7 月平均气温 25 摄氏度，最高曾达 38 摄氏度，1 月平均气温为 0 摄氏度，最低到–7 摄氏度。冬季不冻，有时有浓雾，潮差小。

该港包括三部分：纽约、新泽西（NEW JERSEY）、纽瓦克（NEWARK），分属纽约和新泽西两个州的辖区，包括纽约市区及河边市属区域，共有 3 385 平方米。

装卸设备有各种岸吊、门吊、集装箱吊、浮吊、可移式吊、各种车辆、拖船及滚装设施等，港区露天堆场 198 万平方米；集装箱每天可装 1 万吨，水果每天卸 6 万箱，该港外贸区分布在紧靠码头及机场边，占地约 10 万平方米，仓库面积 9.3 万平方米。另有堆场约 10 万平方米。主要出口货物为废金属、钢材、机械、纸张、有机化学制品、废纸、纺织废料及杂货等，进口主要货物有车辆、木材、塑料、橡胶、酒精、咖啡、香蕉、蔬菜、碳化氢、纺织品、服装及畜产品等。

4．芝加哥港

【港口英文名称】CHICAGO

【所属国家地区】美国

【港口代码】CHI

【时区】GMT-6

【所在位置】N41° 50′　W87° 40′

芝加哥港位于美国北部，伊利诺伊（ILLINOIS）州东北角的芝加哥河口，濒临密歇根（MICHIGAN）湖的西南侧，是美国五大湖区的主要港口。它是全国最大的铁路枢纽，有 32 条铁路干线交汇于此。该港有广大的腹地，农牧业发达，是全国的谷物、牲畜市场及中西部的商业、金融、文化和工业中心。工业以农用机械及肉类加工为主，全美农用机械制造业最大的垄断组织——国际收割机公司及美国肉类加工业最大垄断组织——埃靳玛克公司均在芝加哥。另外冶金、电器、货车制造、印刷、面粉、罐头、塑料及冷冻食品等也很著名。港口距国际机场约 33 公里，有定期航班飞往世界各地。

该港属温带大陆性气候，夏季平均气温约 23 摄氏度，冬季平均气温约–5 摄氏度。因受圣劳伦斯航道冰封影响，每年航行季节为 4 月 15 日至 11 月 15 日。全年平均降雨量约 800 毫米。

该港包括印第安纳（INDIANA）和卡罗美特（CALUMET）两大港区，码头岸线长达 1 万余米。码头设施完善，几乎均有铁路线连接。自芝加哥至西雅图、波特兰、长滩、奥克兰等主要港口的时间都在 7 天之内。自日本横滨挂靠西雅图港从美国东西铁路干线——北太平洋铁路，经过芝加哥至纽约终点站，只需 13 天便可到达。所以美国总统轮船公司、丹麦马士基航运公司及日本川崎汽船公司等均利用该港作为集装箱运输的中转站。因此，使芝加哥港开展门到门、门到港、港到门和港到港等国际多式联运日趋繁忙。

该港对外贸易区的面积达 10 万平方米。年货物吞吐能力约 5 000 万吨。主要出口货物为农业机械、肉制品、废铁、皮张、油脂、粮谷及各种工业品等，进口货物主要有矿砂、汽车、钢材、石油化工品及杂货等。

（四）非洲大西洋沿岸主要港口

1．达喀尔港

【港口英文名称】DAKAR

【所属国家地区】塞内加尔

【港口代码】DAK

【时区】GMT+0

【所在位置】N 14° 41′　W17° 25′

达喀尔港位于塞内加尔西部沿海戈雷（GOREE）湾的西岸，濒临大西洋的东侧，是塞内加尔的最大港口，也是西非的最大海港。它是大西洋航线的重要中转港及加油港，是西非极为重要的交通枢纽，铁路北通圣路易（ST.LOUIS）港，东达邻国马里首都巴马科（BAMAKO）。港口附近捷斯（THIES）地区的磷酸铝储量约 4 000 万吨，并在东北沿海长达 96 公里的地带有较丰富的磷酸钙矿。主要工业有大型榨油、食品、烟草、纺织、印染、鱼罐头、石油提炼、造船及化学等。该港沿海的渔业资源丰富。盛产金枪鱼和沙丁鱼，平均年捕金枪鱼达 2 万吨以上，故有“金枪鱼港”之美称。该港堪称塞内加尔的文化中心，拥有非洲研究、海洋历史、人种学、艺术博物馆及考古博物馆等。港口的国际机场不仅是国内，也是西非的航空枢纽，并与欧洲、北美、南美以及其他非洲各地都有航空联系。

该港属热带草原气候，冬季盛行北风和东北风，夏季为西风和西北风。年平均气温约 29 摄氏度。每年大风日约 11 天，雾日约 7 天。全年平均降雨量约 600 毫米，6～11 月为雨季。平均潮差约 1.8 米。

该港自由贸易区始建于 1975 年，面积达 650 万平方米。年货物吞吐量约 800 万吨。主要出口货物为花生、花生油、鱼类、磷酸盐、纸张、水泥、皮鞋、布匹、火柴及面粉等，进口货物主要有纺织品、机器、大米、煤、糖、棉花、木材、陶器、石油及金属制品等。花生的出口值约占出口总值的 52%，出口的花生、花生油、鱼及磷酸盐全部运往法国。

※2. 阿比让港

【港口英文名称】ABIDJAN

【所属国家地区】科特迪瓦

【港口代码】ABI

【时区】GMT+0

【所在位置】N5° 31′ W4° 12′

阿比让港位于科特迪瓦东南沿海埃布里耶湖口东岸，濒临几内亚湾的北侧，是科特迪瓦的最大港口，也是西非最大的集装箱港。全国工业大多集中于此，主要工业有炼油、食品、纺织、木材加工及机械等。石油冶炼是工业发展中最为迅速的部门，拥有法语非洲国家中最大的炼油厂，年产量约 400 万吨。该港是农林产品的集散地。科特迪瓦的可可产量占世界第一位，约占世界可可总产量的 1/3。咖啡的产量居非洲第一位，世界第三位，仅次于巴西和哥伦比亚，其他如棕榈油、香蕉、天然橡胶和菠萝的产量在非洲也名列前茅。该港还是非洲著名的水上城市，拥有高达 30 余层的“象牙旅馆”，象牙市场闻名于世。港口的国际机场是法语非洲国家的最大机场，非洲航空公司总部就设在阿比让，有定期航班飞往世界各地。

该港属热带雨林气候。年平均气温约 27 摄氏度。全年平均降雨量约 2 000 毫米。港区主要码头泊位有 26 个，岸线长约 6 085 米，最大水深为 12.5 米。装卸设备有各种岸吊、门吊、重吊、铲车、浮吊、叉车、拖船及滚装设施等，其中浮吊的最大起重能力达 150 吨，还有直径为 100～609.6 毫米的输油管供装卸使用。离岸 1 海里处有海上油泊，最大可泊 7.5 万载重吨的油船。港区集装箱堆场达 60 万平方米。大船锚地水深达 30 米。该港转口区仓储设施面积达 60 万平方米。主要出口货物为木材、可可、咖啡、香蕉、棕榈油、矿砂、橡胶、棉籽及金刚石等，进口货物主要有粮食、水泥、机器设备、燃油及消费品等。主要贸易对象为法、美、意、德、马里、布基纳法索、贝宁及尼日尔等。

3．开普敦港

【港口英文名称】CAPE TOWN

【所属国家地区】南非

【港口代码】CPT

【时区】GMT+2

【所在位置】S33° 55′　E18° 26′

开普敦港位于南非西南沿海，南距好望角（CAPE OF GOOD HOPE）52 公里，濒临大西洋的东南侧。它是南非的立法首都，是南非的主要港口之一。该港所在城市开普敦市始建于 1652 年，是南非第二大城市。该港地理位置重要，是欧洲沿非洲西海岸通往印度洋及太平洋的必经之路。它是南非的金融和工商业中心。主要工业有酿酒、烟草、炼油、化工、皮革、造船及造纸等。交通运输发达，有铁路可直达行政首都比勒陀利亚（PRETORIA），公路与国内各地相通接。港口距机场约 20 公里，每天有航班飞往约翰内斯堡，再连接国外航班。

该港属亚热带地中海式气候，冬季 4～9 月盛行西北风，海上大涌浪通常发生在夏季，10 月至次年 3 月盛行东南风。年平均气温最高约 20 摄氏度，最低约 11 摄氏度。全年平均降雨量约 500 毫米。大潮平均潮高为 1.8 米，小潮平均潮高为 0.3 米。该港有防波堤，长 1 567 米。在好望角附近的桌湾地区，即使无风天气，也常有涌浪自西南袭来，故冬季期间不宜锚泊。

该港的装卸设备有各种岸吊、浮吊、装船机、拖船及滚装设施等，其中岸吊最大起重能力为 40 吨，浮吊达 200 吨，还有直径为 203.2 米的输油管供装卸使用。港区有装卸面积 5 万平方米，谷仓容量约 3 万吨，冷库容量为 2.7 万吨，最低达–60 摄氏度，集装箱堆场面积 97 万平方米，可存放 4 858 标准箱。年货物吞吐能力约 7 000 万吨。主要出口货物为羊毛、皮张、酒、干鲜果、饲料、蛋品、玉米、鱼油及矿砂等，进口货物主要有木材、机械、小麦、汽车、纺织品、原油及杂货等。

（五）拉丁美洲大西洋沿岸的主要港口

※1．韦腊克鲁斯港

【港口英文名称】VERACRUZ

【所属国家地区】墨西哥

【港口代码】VER

【时区】GMT-6

【所在位置】N19° 12′　W96° 08′

韦腊克鲁斯港位于墨西哥东南沿海坎佩切湾的西南岸，濒临墨西哥湾的西南侧，是墨西哥东岸的最大港口，素有墨西哥“东方门户”之美称。它是全国工商业中心，也是墨西哥东岸的农产品集散地。该港是东部的重要铁路枢纽，公路及铁路四通八达，还是一个重要的国际航空站。主要工业有冶金、机械、石油加工、金属工业、造船、纤维、食品及烟草等。

该港属热带草原气候，年平均气温约 25 摄氏度。一年之中多暖湿天气，海、陆风有规律地交替变化，陆风开始于日落之后不久，海风则在上午 9 点开始。全年平均降雨量约 3 000 毫米。

该港有两条防波堤，港区水域面积达 221 万平方米。主要码头泊位有 25 个，岸线长 4 668 米，最大水深 11 米。装卸设备有各种岸吊、可移式吊、集装箱吊、浮吊、拖船及滚装设施等，其中浮吊最大起重能力为 46 吨，拖船的功率最大为 1 655 千瓦，还有直径为 203～304.8 毫米的输油管供装卸使用。石油和天然气管道可直达产地。大船锚地水深达 25 米。

主要出口货物为水果、烟草、咖啡、红木、香精、矿石、皮革及粮谷等，进口货物主要有纸张、机械、纺织品、工业设备、酒及编织品等。

2. 桑托斯港

【港口英文名称】SANTOS

【所属国家地区】巴西

【港口代码】STS

【时区】GMT-3

【所在位置】S23° 56′　W46° 20′

桑托斯港位于巴西东南沿海的桑托斯湾内，地处沙维圣岛的东岸及圣多亚马罗岛的西岸，濒临大西洋的西南侧，是巴西最大城市圣保罗的外港，相距 63 公里。桑托斯是巴西最大的海港，又是世界最大的咖啡输出港，还是玻利维亚及巴拉圭的中转港。巴西的咖啡产量居世界第一位，素有“咖啡国”之美称。桑托斯是世界最大的咖啡交易地，从而使该港得到较大的发展，交通运输发达，有公路及铁路通往国内各地。主要工业有炼油、化学、机械、水泥、冶金、食品及锯木等。全国有 1/3 的出口及 2/5 的进口经该港中转。圣保罗国际机场是全国最大的机场，也是世界最繁忙的航空港之一，每天有定期航班飞往世界各地。

该港属亚热带季风气候，年平均气温在 27～28 摄氏度之间，全年平均降雨量约 2 000 米。大潮平均潮高为 1.3 米，小潮平均潮高为 0.9 米。

装卸设备有各种岸吊、可移式吊、抓斗吊、集装箱吊、浮吊、铲车、自动装卸机、输送带、拖船及滚装设施等，其中集装箱吊最大起重能力为 35 吨，浮吊达 150 吨，拖船的功率最大为 1 734 千瓦，还有直径为 150～400 毫米的输油管供装卸使用。港区仓库容量达 120 万吨。集装箱专用码头的面积为 32 万平方米，拥有吊举 10.6 米的集装箱吊。年货物吞吐能力约 4 000 万吨。散货码头可靠 4.5 万载重吨的船舶。该港保税仓库面积为 8.9 万平方米。

主要出口货物除咖啡外还有铁矿、糖、香蕉、棉花、水泥、大豆、肉类制品及工业品等，进口货物主要有小麦、机械设备、燃料、润滑油、光学仪器、化肥及化工产品等。主要贸易对象为美国、西欧、日本、中东及拉美邻国。

练一练

在地图册上查找大西洋沿岸主要港口的位置，在相关业务单据上填写港口的中英文名称和代码。

※3. 里约热内卢港

【港口英文名称】RIO DE JANERO

【所属国家地区】巴西

【港口代码】RDJ

【时区】GMT-3

【所在位置】S22° 55′　W43° 10′

里约热内卢港位于巴西东南沿海瓜纳巴拉湾西岸入口处，濒临大西洋的西南侧，是巴西第二大港，也是南美洲主要的海港之一，现为瓜纳巴拉洲的首都。它是全国的金融和文化中心，是巴西仅次于圣保罗的第二大工业城市和最大的商业中心。主要工业有机械、造船、汽车、冶金、纺织、服装、化学、出版印刷和食品加工等。

该港属亚热带季风气候，盛行北风与东南风。日平均气温最高 27 摄氏度，最低为 20 摄氏度。全年平均降雨量约 100 毫米。港内平均潮位 0.69 米，最大潮差为 1.38 米。

港区主要码头泊位有 32 个，岸线长 6 195 米，最大水深 13 米。装卸设备有各种岸吊、门吊、汽车吊、浮吊、桥吊、铲车、牵引车、吸扬机、叉车、拖船及滚装设施等，其中汽车吊最大起重能力达 150 吨，浮吊达 250 吨，拖船的功率最大为 1 964 千瓦。港区库场面积达 132 万平方米，集装箱堆场可存放 2 600 标准箱。该港最大可靠泊 13 万载重吨的油船。大船锚地水深达 32 米。年货物吞吐量达 5 000 万吨。

主要出口货物为咖啡、蔗糖、铁矿石、锰矿、钢材、纸浆、运输设备及皮革等，进口货物主要有燃料、机器、化肥、小麦及化工产品等。

4. 布宜诺斯艾利斯港

【港口英文名称】BUENOS AIRES

【所属国家地区】阿根廷

【港口代码】BNA

【时区】GMT-3

【所在位置】N34° 36′　W58° 22′

布宜诺斯艾利斯港位于阿根廷东部沿海拉普拉塔（LA PLATA）河口的西岸，在桑博龙邦（SAMBOROMBON）湾的西北端，濒临大西洋的西南侧，是阿根廷的最大海港。它是阿根廷的首都及全国政治、经济、交通及文化的中心。它还是南美洲最大最繁荣的城市，又是南美洲最大的铁路枢纽，有 7 条主要铁路干线通向全国，其中一条是著名的南美大陆桥。该港是东部的桥头堡，西至太平洋沿岸的瓦尔帕莱索（VALPARAISO）港，全长约 1 000 公里。它是阿根廷的工业中心，全市工业产值为全国工业产值的 70%，有规模巨大的肉类加工及制革工业，还有面粉、纺织、酿酒、汽车制造、金属加工、石油提炼、印刷、造船、化学及造纸等工业。国际机场约 30 公里，有定期航班飞往世界各地。

南美大陆桥的具体位置和走向。

该港属亚热带季风气候，年平均最高气温 37 摄氏度，年平均最低气温–2.8 摄氏度，全年平均降雨量约 1 000 毫米。平均潮差 0.9 米，有风影响时，潮差达 1.5 米以上。装卸设备有各种岸吊、集装箱门吊、浮吊、装船机、装粮管道及拖船等。主要出口货物为谷物、肉类、羊毛、钢材、皮革、机械及化工产品等，进口货物主要有化肥、铁矿砂、煤炭、精密仪器及石油产品等。该港进出口总额约占全国的45%。主要贸易对象为美国、西欧、日本及其他拉美国家等。

模块小结

在国际贸易货物运输中海洋运输大约占到运输总量的80%左右，港口是商品进出的主要门户，在国际货物运输各环节中具有非常重要的作用，是外贸运输中选择航线和目的港的重要内容，是从事国际贸易和国际贸易货物运输的人员必须掌握的知识。本模块依据国际大洋航线的布局和走向，分区域对部分在国际海洋运输中具有重要作用、与我国联系比较密切的部分港口进行了详细的介绍，特别是对我国的几个外贸运输大港进行了重点介绍。在学习过程中最好结合前面模块中的航线来学习。

商务模拟实训

1．根据合同要求确定适当的航线，包括基本港和非基本港的选择。

2．根据信用证的要求，在相关单据上用中英文填写港口名称，重点练习港口代码和英文全称的认读和拼写。

课外活动建议

1．组织学生进行港口知识竞赛，重点练习港口的中英文名称、代码、所属国家和航线。

2．组织学生去港口参观，实地考察港口的设施和场地安排。

综合练习

一、请将下列港口与其所属区域相匹配

（1）MANILA, PHILIPPINES	（ ）	A．美东
（2）BRISBANE, AUSTRALIA	（ ）	B．远东
（3）JEDDAH, SAUDI ARABIA	（ ）	C．地中海
（4）XIAMEN, CHINA	（ ）	D．东南亚
（5）BOSTON, US	（ ）	E．波斯湾
（6）TACOMA, US	（ ）	F．西欧
（7）HAMBURG, GERMANY	（ ）	G．澳东
（8）VALENCIA, SPAIN	（ ）	H．美西

二、请将下列港口与其所属的以中国为起点的各条航线相匹配

（1）KARACHI, PAKISTAN　（　）
（2）BEIRUT, LEBANON　（　）
（3）HELSINKI, FINLAND　（　）
（4）CALLAO, PERU　（　）
（5）TORONTO, CANADA　（　）
（6）PENANG, MALAYSIA　（　）
（7）KOBE, JAPAN　（　）
（8）MELBOURNE, AUSTRALIA　（　）

A．澳新航线
B．日本航线
C．南美西海岸航线
D．地中海航线
E．美加航线
F．西北欧航线
G．波斯湾航线
H．东南亚航线

模块六　国际多式联合运输

学习目标

1．理解国际多式联运的定义、特点及优越性，了解国际多式联运迅猛发展的原因。
2．熟练掌握国际多式联运的种类。
3．理解并掌握陆桥运输的定义。
4．能熟练并准确地在世界地图上查找出世界主要三座大陆桥的大致走向。
5．熟练掌握 MLB、IPI、OCP 运输的含义及其区别。

教学准备

1．《世界地图册》。
2．国际多式联运提单样本。
3．《国际多式联合运输》PPT。
4．学时：2 学时。

学习导入

上海扬帆进出口公司与美国五大湖公司签订了出口一批汽车配件的销售合同，装货港是上海，交货地是底特律，计划采用国际多式联运，并委托外运华东公司办理海陆多式联运手续。下面我们就详细介绍国际多式联运的有关知识。

基础理论知识介绍

一、国际多式联合运输概述

从 20 世纪 80 年代开始，集装箱运输进入了国际多式联运时代。这种新型的运输组织方式通过采用海、陆、空等两种以上的运输手段，完成国际间的连贯货物运输，从而打破了过去海运、铁路、公路、空运等单一运输方式互不连贯的传统做法。如今，提供优质的国际多式联运服务已成为国际集装箱运输经营人增强竞争力的重要手段。

（一）国际多式联运的定义与条件

国际多式联运（Multimodal transport）通常是以集装箱为运输单元，将不同的运输方式有机地组合在一起，构成连续的、综合性的一体化货物运输。通过一次托运，一次计费，一份单证，一次保险，由各运输区段的承运人共同完成货物的全程运输，即将货物的全程运输作为一个完整的单一运输过程来安排。根据1980年《联合国国际货物多式联运公约》以及1997年我国交通部和铁道部共同颁布的《国际集装箱多式联运管理规则》的定义，国际多式联运是指“按照多式联运合同，以至少两种不同的运输方式，由多式联运经营人将货物从一国境内接管货物的地点运至另一国境内指定地点交付的货物运输”。

根据以上定义，结合国际上的实际做法，可以得出构成国际多式联运必须具备以下条件：

（1）必须具有一份多式联运合同。该运输合同确定了多式联运经营人与托运人之间权利、义务、责任与豁免的合同关系和运输性质，也是区别多式联运与一般货物运输方式的主要依据。

（2）必须使用一份全程多式联运单证。该单证应满足不同运输方式的需要。

（3）必须是至少两种不同运输方式的连续运输。

（4）必须是国际间的货物运输。这不仅是区别于国内货物运输，而且主要是涉及国际运输法规的适用问题。

（5）必须由一个多式联运经营人对货物运输的全程负责。该多式联运经营人不仅是订立多式联运合同的当事人，也是多式联运单证的签发人。当然，在多式联运经营人履行多式联运合同所规定的运输责任的同时，可将全部或部分运输委托他人（分承运人）完成，并订立分运合同，但分运合同的承运人与原托运人之间不存在任何合同关系。

（6）必须按单一运费率计收全程运费。海运、铁路、公路和空运等各种单一运输方式的成本不同，因而其运价也不同。在多式联运中，尽管组成多式联运的各运输区段运费率不同，但托运人与多式联运经营人订立的多式联运全程中的运费率是单一的，即以一种运费率结算从接货地至交货地的全程运输费用，从而大大简化和方便了运费的计算。

（二）国际多式联运迅猛发展的原因

国际多式联运在短短二十几年中迅猛发展，究其原因可以归结为四个因素。

（1）集装箱运输的发展是开展国际多式联运的先决因素。集装箱运输的出现改变了传统件杂货运输效率低、成本高、货损货差严重的弊端，使各运输工具间的衔接配合有了保证，为件杂货运输和装卸的机械化和自动化创造了条件，使“门到门”运输成为可能，为现代多式联运的发展打下了良好的基础。

（2）贸易结构的变化成为开展国际多式联运的物流因素。世界经济贸易结构发生了很大变化，制成品在世界贸易中的比例由20世纪60年代末的64.5%提高到90年代初的75%。发达国家的产业结构重心由重、化工业转向以电子技术为代表的高、精、尖产品；而发展中国家也努力发展本国经济，从单纯的原材料出口变为成品或半成品出口。制成

议一议

国际多式联运和联运的区别。

品贸易的发展使适于装入集装箱的货源不断增加，为开展国际多式联运提供了广阔的市场。

（3）科技的发展成为开展国际多式联运的技术因素。发展国际多式联运涉及到集装箱的调运、设备跟踪管理等业务，同时又包括码头、堆场和支线运输等业务。当今世界科技突飞猛进，以电子计算机和网络通信为基础的信息技术的广泛应用使单证管理、集装箱技术、海上和内陆运输控制一体化管理的效率大幅度提高。

（4）货主与运输经营人对运输服务的高要求成为开展国际多式联运的推动因素。国际多式联运是一种高效益的运输方式，具有安全迅速、手续简便、运价合理等优点，能为货主带来巨大的经济效益，货主对多式联运的要求日益高涨。随着集装箱航运市场的竞争日益加剧，各运输经营人不得不竞相改善服务质量以稳定货源，增强自己的竞争力。而改变传统的经营方式，向铁路、空运领域发展，开展国际多式联运成为运输经营人向货主提供优质服务的一个重要手段。

（三）国际多式联运的优越性

国际多式联运是货物运输的一种较高级的组织形式，集中了各种运输方式的特点，扬长避短，融会贯通，达到简化货运环节，实现合理运输的目标，相比于传统单一运输方式具有无可比拟的优越性。

（1）责任统一，手续简便，大大方便货主。在国际多式联运方式下，不论全程运输距离多么遥远、需要使用多少种不同的运输工具，也不论途中要经过多少次转换，一切运输事宜统一由多式联运经营人负责办理，而货主只要办理一次托运、签订一份合同、支付一笔按全程单一运费率计收的运费、办理一次保险、取得一份多式联运单据，就履行了全部合同义务。此外，一旦运输过程中发生货损货差，不论事故发生在哪一运输区段，均由多式联运经营人对全程运输负责统一理赔，直接向货主进行赔偿，从而可以简化理赔手续，减少理赔费用，大大方便货主。

（2）减少中间环节，缩短货运时间，减少库存，降低货损货差，提高货运质量。国际多式联运中，单件货物成组装入集装箱内，采用大型机械和自动化作业，可以发挥多式联运的长处，各个运输环节之间配合密切，衔接紧凑，货物所到之处中转迅速及时，大大减少货物的在途停留时间，故能较好地保证货物安全、迅速、准确、及时地运抵目的地，因而也相应地降低了货物的库存量和库存成本。同时，多式联运通过集装箱作为运输单元进行直达运输，集装箱实际上起着一个强度较大的外包装作用。另外尽管货运途中需经多次换装，但由于使用专业机械装卸，且不触及箱内货物，因而货损货差和偷窃丢失事故就大为减少，从而在很大程度上提高了货物安全和货运质量。

议一议

国际多式联运的含义、条件及优越性。

（3）降低运输成本，节省运杂费用，有利于贸易开展。国际多式联运是实现“门到门”运输的有效方法。对货主来说，货物交由第一承运人后就可取得多式联运单据进行结汇，结汇时间提早，有利于加速货物资金周转，减少利息支出。采用集装箱运输，还可节省货物包装费用和保险费用。此外，多式联运全程使用的是一份多式联运单据和单一运费率，这就大大简化了制单和结算手续，节省大量人力物力，尤其是便于货主事先

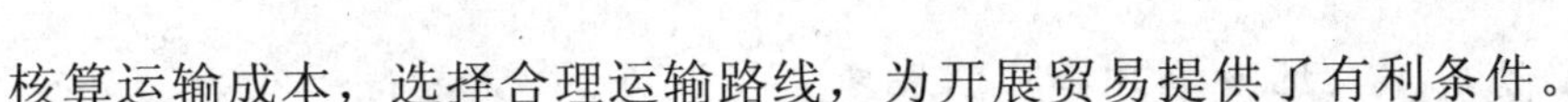

核算运输成本，选择合理运输路线，为开展贸易提供了有利条件。

（四）国际多式联运的种类

在国际多式联运所采用的运输组合方式中，最主要的是海陆多式联运和海空多式联运。

1．海陆多式联运

海陆多式联运在国际多式联运中占主导地位，可分为船舶与汽车、船舶与火车两种。由于汽车的运费较高，经济运距较短，竞争力不如铁路，所以海陆多式联运主要是指海铁运输。这种组织形式以船运公司为主体，签发多式联运提单，与航线两端的内陆运输部门开展多式联运业务。陆桥运输是最典型的海陆多式联运。

2．海空多式联运

目前，大多数货运飞机无法实现标准集装箱在海空运输方式间的换装，海空货物的目的地是机场，货物运抵后是以航空货物处理的。正因为如此，海空多式联运以航空运输为核心。

总的来说，运输距离越远，采用海空联运的优势就越大，因为同完全采用海运相比，其运输时间更短；同直接采用空运相比，其费率更低。因此，海空多式联运较适合那些货价高、对运输时间要求不太高的货物的运输。

海空多式联运的主要线路有以下两条。

（1）远东——欧洲。这条线路的运量约占世界海空多式联运总运量的50%以上，可分为西行线和东行线。西行线是从远东通过海运至北美西海岸港口，如温哥华、西雅图、洛杉矶等，再通过空运至欧洲的目的地；东行线是先海运至新加坡、香港、曼谷或符拉迪沃斯托克等港口，再通过空运至欧洲目的地。

（2）远东——中南美。从远东海运至北美西海岸的温哥华、洛杉矶等港口，再空运至中南美洲的内陆目的地。

二、陆桥运输

陆桥运输（Land Bridge Transport），也称大陆桥运输，是指使用横贯大陆的铁路、公路运输系统作为中间桥梁，把大陆两端的海洋连接起来，形成跨越大陆、联结海洋的运输组织形式。由于大陆起了两种运输方式之间的“桥梁”作用，因此形象地将这种海—陆—海联运中的铁路和公路主干线称为“大陆桥”，而将通过大陆桥实现的海—陆—海联运称为大陆桥运输。

严格地讲，陆桥运输也是一种海陆多式联运形式，因为其在国际多式联运中的独特地位，故将其单独作为一种运输组织方式。

当今世界主要有以下三座大陆桥。

（一）西伯利亚大陆桥

西伯利亚大陆桥（Siberian Land Bridge，SLB），或称第一亚欧大陆桥（见图6-1），东起俄罗斯纳霍德卡—东方港，西至俄芬（芬兰）、俄白（白俄罗斯）、俄乌（乌克兰）

和俄哈（哈萨克斯坦）边界，过境欧洲和中亚等国家。

西伯利亚大陆桥包括“海—铁—铁”、“海—铁—海”、“海—铁—公”、“海—公—空”等四种运输方式，由俄罗斯的过境运输总公司担当总经营人。

西伯利亚大陆桥是目前世界上最长的一条陆桥运输线，从远东到西欧，全长 1.3 万公里，而相应的经苏伊士运河的全程水路运输距离约为 2 万公里，可见大陆桥大大缩短了从远东至西欧的运输距离，并因而节省了运输时间。从日本横滨到西欧鹿特丹，采用陆桥运输不仅可使运距缩短 1/3，运输时间也可节省 1/2。此外，在一般情况下，运输费用还可节省 20%～30%，因而对货主有一定的吸引力。

当然，西伯利亚大陆桥也有局限性，如港口装卸能力不足、铁路集装箱车辆不足、来回运量严重不平衡（西向大于东向的两倍）以及严寒气候的影响等在一定程度上阻碍了它的发展。尤其是随着“新亚欧大陆桥”形成，为远东至欧洲的国际多式联运提供了又一条便捷路线，使西伯利亚大陆桥面临严峻的竞争形势。

（二）新亚欧大陆桥

新亚欧大陆桥（New Eurasia Land Bridge），或称第二亚欧大陆桥（见图 6-1），东起连云港等我国东部沿海港口，西可达西欧的鹿特丹、安特卫普等港口，横贯亚欧两大洲中部地带。新亚欧大陆桥于 1992 年开通，全长 10 870 公里，连接 40 余个亚洲与欧洲国家和地区，在我国境内全长约 4 131 公里，约占 1/3，是我国最大的东西铁路主干线，连接东部、中部和西部，贯穿多个省会城市和主要中心城市。

与西伯利亚大陆桥相比，新亚欧大陆桥具有地理位置和气候条件优越、运输距离短（比西伯利亚大陆桥缩短陆上运距 2 000～5 000 公里）、腹地广大、对亚太地区吸引力更大等优势。虽然目前这条通道存在运输时间、运输价格和运输可靠性等不少问题，但它正在不断发展完善，终将成为沟通亚太地区与欧洲的主导陆桥运输线。

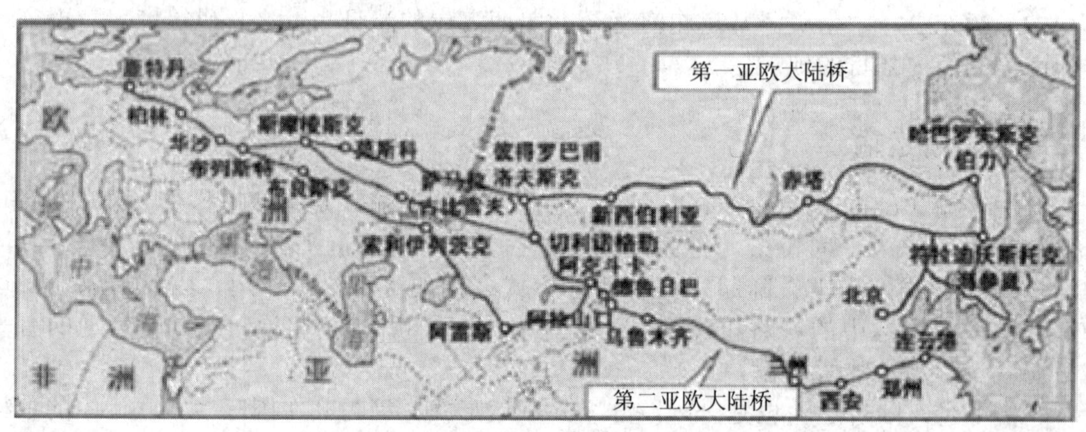

图 6-1　西伯利亚大陆桥和新亚欧大陆桥

（三）北美大陆桥

北美地区的陆桥运输不仅包括大陆桥运输，而且还包括小陆桥运输和微型陆桥运输等其他运输组织形式（见图 6-2）。

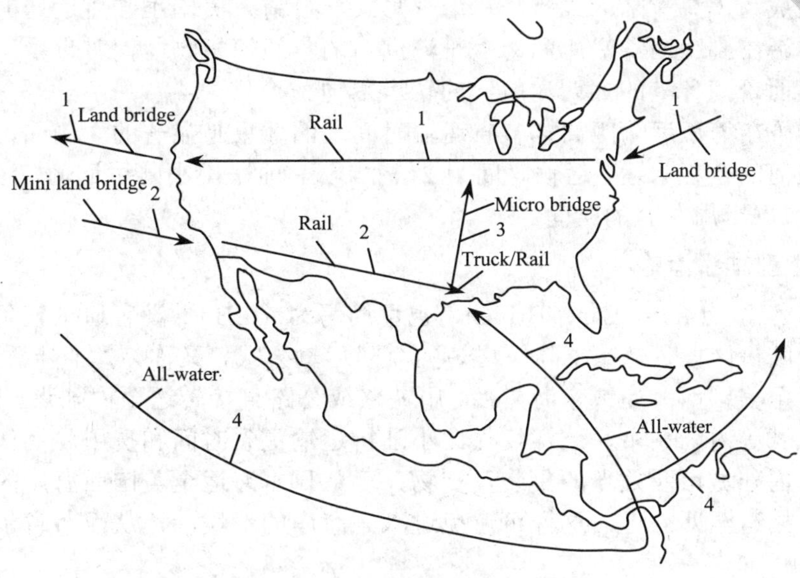

图 6-2　北美陆桥运输路线图

1-美国大陆桥（Land bridge）
2-美国小陆桥（Mini land bridge）
3-美国微型陆桥（Microbridge）
4-全水路（All-water）
资料来源：劳动和社会保障部教材办公室与上海市职业培训指导中心组织编写．物流人员专业英语[M]．北京：中国劳动社会保障出版社，2004：265．

1．北美大陆桥运输

北美大陆桥（North American Land Bridge），是指利用北美的大铁路实现从远东到欧洲的“海—陆—海”联运。该陆桥运输包括美国大陆桥和加拿大大陆桥，由于二者是平行的，而且都是连接太平洋和大西洋的大陆通道，情况相似，故统称北美大陆桥。

美国大陆桥有以下两条运输线路。

（1）从西部太平洋沿岸至东部大西洋沿岸的铁路和公路运输线。

（2）从西部太平洋沿岸至东南部墨西哥湾沿岸的铁路和公路运输线。

北美大陆桥是世界上历史最悠久、影响最大和服务范围最广的陆桥运输线。采用北美大陆桥运输比采用全程水运通常要快 1～2 周。例如，从东京到鹿特丹的集装箱货物，采用经巴拿马运河或苏伊士运河的全程水运通常约需 5～6 周时间，而采用北美大陆桥运输仅需 3 周左右的时间。

近些年来，由于北美东部港口和铁路过于拥挤，货物到达后很难保证及时换装，使大陆桥运输节省时间的优越性不能体现。因此，目前北美大陆桥运输基本处于停顿状态。但是，由此而派生出的小陆桥运输和微型陆桥运输却在不断发展。

2．美国小陆桥运输

小陆桥运输（Mini Land Bridge，MLB），也就是比大陆桥的“海—陆—海”形式缩

短一段海运，成为“海—陆”或“陆—海”形式。目前，美国小陆桥运送的主要是远东经北美太平洋沿岸到大西洋沿岸和墨西哥湾港口的集装箱货物，同时也承运从欧洲到美国西海岸及墨西哥湾各港的大西洋航线的转运货物。

美国小陆桥在缩短运输距离、节省运输时间上的效果是显著的。例如，从大阪至纽约经巴拿马运河的全程水运，运输时间为 21～24 天，而采用小陆桥运输，运输时间可缩短为 16 天，节省 1 周左右的时间。

3. 美国微型陆桥运输

微型陆桥运输（Micro Land Bridge，也可简写为 MLB），没有通过整条陆桥，而只是利用了部分陆桥区段，是比小陆桥更短的海陆运输方式，又称为“半陆桥”。它通常是指当货物海运至美国西海岸或东海岸后，用铁路或公路直接转运至内陆点，例如芝加哥、底特律、凤凰城等内陆城市，这样往往比小陆桥运输更省时间和费用。例如，往来于日本和美国东部内陆城市匹兹堡的集装箱货物，可从日本海运至美国西海岸的奥克兰，然后通过铁路直接运至匹兹堡，这样可避免进入东海岸的费城港，从而节省了在该港的港口费用支出。

IPI 运输（Interior Point Intermodal）是指“内陆地点多式联运”，是一种典型的微型陆桥运输，它与小陆桥运输的主要区别在于交货地不同，前者是 IPI 内陆点，后者是美国东海岸、西海岸或墨西哥湾的港口。

4. OCP 运输

OCP（Overland Common Points）称之为“内陆公共点”，主要是指约占美国 2/3 的美国中部和西部地区。所谓 OCP 运输，是指货物从远东通过海运至美国西海岸港口，再用铁路将货物运至 OCP 地区目的地交货的一种“海—铁”分段联运方式，且享有优惠运价。

由于 OCP 运输不是真正的多式联运，因此托运人必须分别与海运和铁路承运人订立运输合同，通过接力方式将货物运至目的地。

OCP 运输与 IPI 运输二者有本质的区别。

（1）OCP 运输的“内陆公共点”比 IPI 运输的“内陆点”范围更大。

知识链接

OCP 地区和 IPI 内陆点

OCP 地区是指美国落基山脉以东地区，即从北达科他州（North Dakota），南达科他州（South Dakota），内布达斯加州（Neberaska），科罗拉州（Colorado），新墨西哥州（New Mexico）起以东各州，约占美国全国的 2/3 地区。

IPI 运输中的内陆点，主要包括：芝加哥（Chicago）、亚特兰大（Atlanta）、达拉斯（Dallas）、底特律（Detroit）、丹佛（Denver）、圣路易斯（St. Louis）、密尔沃基（Milwaukee）、华盛顿（Washington）、普罗维登斯（Providence）、里士满（Richmond）、堪萨斯城（Kansas City）、夏洛特（Charlotte）、辛辛那提（Cincinnati）、盐湖城（Salt Lake City）、圣地亚哥（San Diego）、萨克拉门托（Sacramento）、孟菲斯（Memphis）。

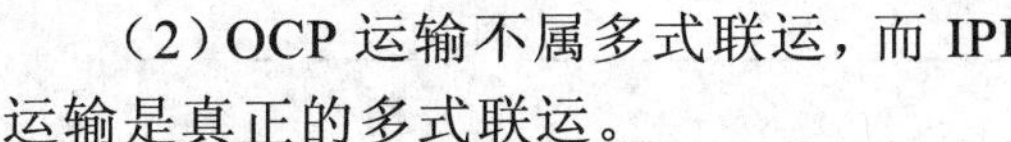

（2）OCP 运输不属多式联运，而 IPI 运输是真正的多式联运。

目前，美国是我国的第一大贸易国，从我国运往美国内陆的集装箱货物很大一部分采用以上 MLB 运输、IPI 运输及 OCP 运输方式。这三种方式之间的区别见表 6-1。

议一议

1. 在世界地图上查找出世界主要三座大陆桥的大致走向。
2. MLB、IPI、OCP 运输的含义及其区别。
3. 运往美国的集装箱货物可选用的运输方式。

表 6-1　MLB，IPI，OCP 运输的区别

<table>
<tr><th>比较项目</th><th>MLB</th><th>IPI</th><th>OCP</th></tr>
<tr><td>货物成交价</td><td>卖方承担的责任、费用终止于最终交货地</td><td rowspan="4">同 MLB</td><td>卖方承担的责任、费用终止与美国西海岸港口</td></tr>
<tr><td>提单签发</td><td>适用于全程运输区段</td><td>仅适用于海上区段的货物运输</td></tr>
<tr><td>运费计收</td><td>收取全程运输费</td><td>海、陆运输区段分别计收运费</td></tr>
<tr><td>保险区段</td><td>可全程投保</td><td>海、陆运输区段分别投保</td></tr>
<tr><td>货物运抵区域</td><td>美国东海岸和墨西哥湾</td><td>IPI 内陆点</td><td>OCP 内陆公共点</td></tr>
<tr><td>多式联运方式</td><td>是多式联运方式</td><td>是多式联运方式</td><td>不是多式联运方式</td></tr>
</table>

模块小结

国际多式联运是集装箱运输发展的高级阶段。陆桥运输是国际多式联运的典型和重要表现形式。在世界主要的三座陆桥中，北美陆桥又包括北美大陆桥、美国小陆桥、美国微型陆桥和 OCP 运输几种形式，后三者是我国运往美国内陆地区集装箱货物的主要运输方式。

商务模拟实训

根据业务资料，填写国际多式联运提单的全程运输、收货地、船名航次、装货港、卸货港和交货地。

课外活动建议

1. 结合本模块内容，组织学生进行快速查图练习。
2. 组织学生到当地的国际货运代理公司或船运公司调研本地区的国际多式联运情况。

综合练习

一、填空题

1. 在国际多式联运所采用的运输组合方式中，最主要的是__________和__________。

2. 世界主要有三座大陆桥，分别是＿＿＿＿＿、＿＿＿＿＿和＿＿＿＿＿。

3. 北美地区的陆桥运输包括＿＿＿＿＿、＿＿＿＿＿、＿＿＿＿＿和＿＿＿＿＿。

4. 请将下表中的空格填满

比较项目	MLB	OCP	IPI
中文全称			
货物成交价	卖方承担的责任、费用终止于最终交货地		
货物运抵区域			IPI 内陆点
运费计收	收取全程运输费		
保险区段		海、陆运输区段分别投保	
提单签发			适用于全程运输区段
多式联运方式	是多式联运方式		

二、多项选择题

以下＿＿＿＿是正确的。

A. 多式联运是国际集装箱运输发展的高级阶段

B. 陆桥运输是一种典型的海陆多式联运形式

C. 陆桥运输就是指一座桥

D. 与西伯利亚大陆桥相比，新亚欧大陆桥具有地理位置和气候条件优越、运输距离短、腹地广大等优势

E. 美国微型陆桥的英语缩写是 MLB

F. 可以把小陆桥运输看作为比大陆桥运输缩短了一段海运

G. 微型陆桥比小陆桥更短，又称为“半陆桥”

H. IPI 是一种典型的微型陆桥运输

I. OCP 属于多式联运

三、简答题

1. 国际多式联运具有哪些优势？
2. 什么是陆桥运输？
3. 美国大陆桥有哪两条运输路线？
4. 什么是 OCP 运输？
5. OCP 运输与 IPI 运输有哪些区别？

四、案例分析题

2008 年 11 月 10 日，上海云生国际货运公司（以下简称“云生公司”）接受上海扬帆进出口公司的委托，向美国出运 1 个集装箱的圣诞礼品以赶上圣诞节三周前开始的销售旺季，装货港是上海，目的港是美国南部的休斯敦，双方并未约定运输路线。云生公司顺利办完订舱、清关手续，货物于 11 月 13 日装船出运，以全水路的方式，于 12 月 18 日运抵休斯敦，但旺销天数已所剩无多。

请问云生公司在选择运输路线上是否存在问题，并说明理由。

提示：从远东至美国南部港口的全水路运输一般需 35 天，从远东经美国西部洛杉矶港至美国南部港口的小陆桥运输一般需 22 天。

五、填图题

1．读图 6-3，回答下列问题。

注：若题目含有教材中未出现过的地理事物，请自行查找。

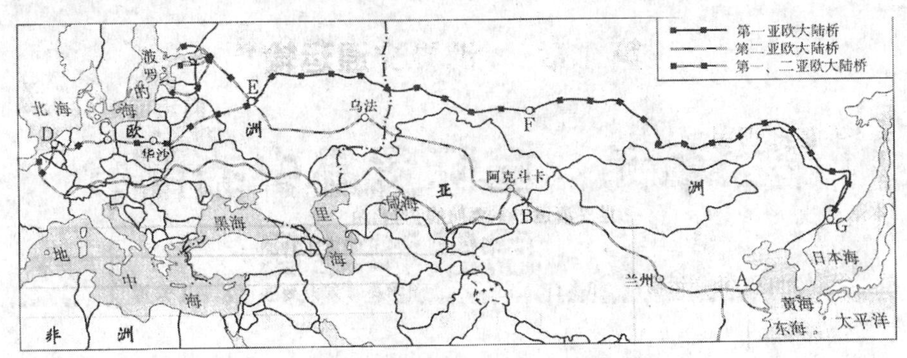

图　6-3

写出图 6-3 中字母所代表的港口或内陆城市的名称。

A ____________，B ____________，C ____________，D ____________，

E ____________，F ____________，G ____________。

第一亚欧大陆桥东起________________________，西至________________________。

第二亚欧大陆桥东起________________________，西至________________________。

2．读图 6-4，回答下列问题。

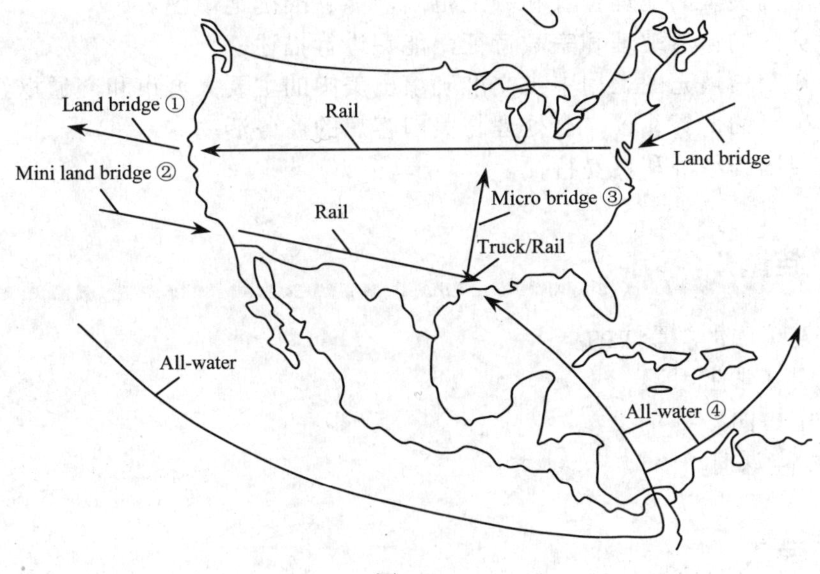

图　6-4

图 6-4 是与美国大陆有关的四种运输方式，写出图中数字序号所代表的运输方式。

①____________，②____________，③____________，④____________。

第二单元　国际贸易中的部分国家和地区

模块七　美 国 概 况

学习目标

1. 熟练掌握美国的地理位置和领土范围，能够准确地填图。
2. 熟悉美国的自然地理和宗教特征，能够进行描述。
3. 能够在空白填充图上用中英文准确填出美国的主要大城市和交通枢纽。
4. 了解美国的商务礼仪，会处理与美国客户的商务活动。
5. 了解美国的经济和贸易特征。

教学准备

1. 北美及美国的教学 PPT。
2. 地图册（学生用）。
3. 美国空白图。
4. 学时：4 课时。

学习导入

中兴贸易公司以经营服装为主，近年来以其良好的品牌形象开始在国际市场崭露头角。为了稳定和扩大在美国市场的占有率，建立服装供应网络，他们必须要熟悉美国市场的特征，因此，公司开始对美国情况进行全面的调查。

基础理论知识介绍

一、地理位置及领土

美国本土位于北美洲南部，东临大西洋，西濒太平洋，南临墨西哥湾。北部与加拿大为邻，南部与墨西哥接壤。

美国全国划分为 50 个州和一个特区（首都华盛顿所在的哥伦比亚特区）。其中 48 个州在美国本土，还有两个“海外州”，即北美西北端的阿拉斯加州和太平洋中的夏威夷州。另外，美国的海外领地和托管地还有关岛、美属摩萨亚群岛、太平洋岛屿托管地、波多黎各自由联邦和美属维尔京群岛。

二、自然条件与自然资源

美国在地形上可分为三个纵向地带：西部山地和高原地区，主要为科迪勒拉山系及内部的高原；中部平原区，即中央大平原，占美国本土面积的 1/2，这里地势坦荡，土壤肥沃，有发展农业优越的自然条件；东部由阿巴拉契亚山脉及狭窄的沿海平原组成。

美国本土位于北纬 25 度到 49 度，气候主要为温带气候和亚热带气候。其中温带气候占大部分地区，亚热带气候主要在美国的南部。全境内除西部地区受山地阻挡，气候较为干燥外，其他大部分地区雨量充足、热量充沛，易于农作物的生长。

美国河流湖泊众多，水系庞大。密西西比河（见图 7-1）纵贯大平原，是美国最大、也是世界第三大河。在大平原的东北部有世界上最大的内陆湖群，即闻名的五大湖，自西向东依次排列着苏必利尔湖、密歇根湖、休伦湖、伊利湖和安大略湖。其中苏必利尔湖为世界最大淡水湖。

图 7-1　密西西比河

美国矿产资源丰富，铁矿石、煤炭、天然气、铅、锌、银、铀、钼和锆等矿产量均居世界前列，还有30亿吨的石油探明储量。

美国拥有18亿公顷的森林，占全国土地面积的31%左右，主要树种有美洲松、黄松、白松和橡树类。东西海岸都有丰富的渔业资源。

知识链接

美国的区域划分

美国全国共分50个州和1个特区（哥伦比亚特区），有3042个县。联邦领地包括波多黎各和北马里亚纳；海外领地包括关岛、美属萨摩亚、美属维尔京群岛等。各州名称：亚拉巴马、阿拉斯加、亚利桑那、阿肯色、加利福尼亚、科罗拉多、康涅狄格、特拉华、佛罗里达、佐治亚、夏威夷、爱达荷、伊利诺伊、印第安纳、衣阿华、堪萨斯、肯塔基、路易斯安那、缅因、马里兰、马萨诸塞、密歇根、明尼苏达、密西西比、密苏里、蒙大拿、内布拉斯加、内华达、新罕布什尔、新泽西、新墨西哥、纽约、北卡罗来纳、北达科他、俄亥俄、俄克拉何马、俄勒冈、宾夕法尼亚、罗得岛、南卡罗来纳、南达科他、田纳西、得克萨斯、犹他、佛蒙特、弗吉尼亚、华盛顿、西弗吉尼亚、威斯康星和怀俄明。

三、人口、宗教、礼仪

截至2006年10月美国人口达到3亿，其中白种人占84%，黑种人占11%，亚裔人口占3.3%，华人有160多万。美国是典型的移民国家，印地安人是美国的原住居民，从16世纪开始，欧洲移民进入，随后大批黑人被从非洲贩运到美洲，才逐渐形成目前的人口结构。

美国人口密度为30人/平方公里，人口主要集中在五大湖的南岸及大西洋沿岸的东北地区。但在第二次世界大战后，人口向西部和南部转移的现象十分明显。美国的城市化率为77%，其中近半数集中在37个大城市中。

美国是一个讲究信仰自由的国家，有多种宗教，以信奉基督教为多。官方语言为英语。货币为美元。

美国人热情、直率，喜欢直呼其名，而不愿意在名字前面加头衔。喜爱交往、交流，但也忌讳谈论个人的私事，如婚姻、年龄和收入等。和欧洲人相比，他们更重视人的平等关系，看轻家庭出生等传统背景。

商务交往中，美国人注意遵守时间，并且经常在餐桌约会谈判。在商品包装上喜欢用明亮淡雅的颜色，如琥珀色、象牙色、浅绿色、浅蓝色和粉红色。美国人喜爱的吉祥物有蜗牛、马蹄铁和四叶车轴草等。

四、经济与贸易

美国是当今世界经济实力最强、水平最高的国家。2008年国内生产总值已达142 043亿美元，人均的国民收入达到47 580美元。无论是科技水平、资金的拥有和输出、市场的规模还是对外贸易额，美国均居世界第一，从而被称为“超级大国”、“第一世界”。

美国的产业结构十分齐全，工业、农业都非常发达，第三产业占到全部国民生产总值的70%以上。

（一）美国的工业

美国工业以技术先进、门类齐全、设备精良、劳动生产率高、集中和垄断程度高而著称于世。第二次世界大战以后，美国工业取得了巨大的进步，工业设备能力与生产规模都大大超过世界其他国家，成为世界上最大的工业国。汽车、钢铁和建筑被称为美国经济的三大支柱。20世纪60年代以后，由于人力成本的高涨，劳动密集型产品被淘汰或转移到国外，同时原子能、电子计算机、高分子合成和宇航工业崛起。目前，美国的主要工业品，如石油、天然气、电力、铜铝、硫酸、乙烯、汽车和飞机等的产量，以及微电子工业、计算机技术、激光技术、宇航技术、生物工程技术、核能利用技术和新材料的研制开发等方面在世界上均居领先地位。

美国工业布局的特点是发展地区集中，分布不平衡。主要集中在西起密西西比河，东至大西洋沿岸，南起俄亥俄河和波托马克河，北到五大湖沿岸及新英格兰组成的狭长地带。这里集中了美国1/2以上的制造业，被称为“制造业带”。另外自第二次世界大战开始，西部的太平洋沿岸及南部的墨西哥沿岸及周围地区，一些与军事相关的新兴产业，如造船、汽车、飞机、宇航、导弹、电子和石化得到迅速的发展，明显超过东北老区的发展，被誉为“阳光带”。

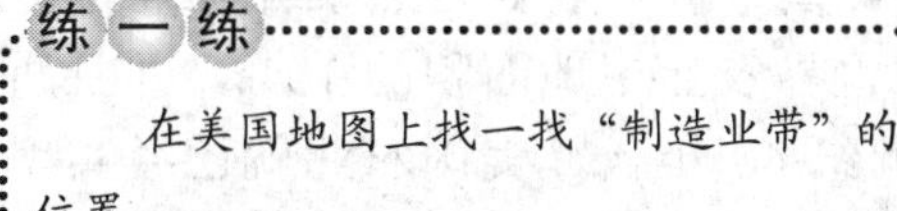

练一练

在美国地图上找一找“制造业带”的位置。

1. 能源工业

能源工业是美国最大的工业部门，包括煤炭、石油、天然气、水力、电力、核能及其他能源。在以上的能源来源中，石油、天然气是能源提供的主体。虽然美国每年自产石油3亿多吨，但这远远不能满足其庞大的消费需要。因而，每年需要进口石油4亿吨～5亿吨，是最大的石油进口国。除了传统的石油天然气和煤炭外，美国还特别重视潮汐能、生物能、太阳能及核能等新能源的开发，如仅核电站就建起了100多座。

2. 钢铁工业

钢铁工业曾经被誉为美国经济的三大支柱之一。随着20世纪70年代能源危机的爆发及劳动力成本的持续上升以及来自国外的激烈竞争等诸多因素的影响，美国钢铁工业经历了较大的调整。目前其钢铁产量占世界的11%左右。钢铁生产主要集中在五大湖南部、美国东北地区的大西洋沿岸和南部、西部地区的新兴城市。

3. 汽车工业

美国是世界上最大的汽车生产王国。20世纪80年代以前，美国的汽车产量一直位居世界第一，因为流水线批量生产汽车的方式起源于美国，它很快就使美国的汽车工业发展成为国家的支柱产业。通用汽车公司、福特汽车公司和克莱斯勒汽车公司几乎垄断了美国汽车工业，在全世界最大工业企业50家排行榜上，长期以来，名列前几名的都是美国的汽车公司。美国汽车工业集中在五大湖南部周围，底特律是美国的汽车城。

4. 航天航空工业

美国的航天、航空规模大、技术先进、产品种类多，是美国在世界上处于明显领先的领域，其产品包括民用飞机、军用飞机、整机、发动机、人造卫星和航天器等。波音公司是美国也是世界最大的飞机制造公司，此外还有麦道公司、洛克希德公司。受战略因素及美国政府的影响，航空航天中心特别在美国的西部和南部得到重点发展，如西雅图、圣迭戈、洛杉矶、达拉斯-沃斯堡和休斯顿，此外东部地区有巴尔地摩、纽约和布法罗等。

5. 高技术工业

高技术工业包括微电子技术、机器人、通信技术设备、激光技术、生物遗传工程和海洋开发等。这些部门几乎都是二战后发展起来的，具有高投资、高风险和高效益的特点。随着美国劳动成本的加大，美国越来越把经济发展的重点放到这一领域。目前这类产业已占美国总产值的 1/3，起到美国经济引擎的作用。高技术产业地区集中的现象十分显著，其中旧金山附近的“硅谷”为美国最大的技术中心，其他集中的产地有波士顿、纽约等地。

（二）美国的农业

美国是世界农业自然条件最优越，现代化程度最高的国家。美国拥有的农业用地面积占世界农业用地面积的 10%，并且所处地区正是水热条件最好的温带和亚热带。早在 20 世纪 40 年代，美国农业就已经实现了机械化，目前正朝着现代化的最高目标迈进。美国的主要农产品如小麦、玉米、大豆、棉花、牛肉、猪肉和牛奶等的产量均居世界最前列。其中小麦、玉米、大豆和棉花的出口占世界第一位。此外，美国还大量出口柑橘、牛肉等其他农产品。不过由于缺少热带地区，美国需进口咖啡、可可、香蕉和橡胶等热带产品。

受自然条件的影响，美国形成了一些地区专门化程度非常高的地带。例如，乳酪带，在美国东北地区沿五大湖南岸地带，专门生产牛奶和各类乳制品；玉米带在乳酪带的南部，包括衣阿华州、伊利诺伊州和印第安纳州等；小麦带在密西西比河西岸，包括蒙大拿州、南达科他州、北达科他州和堪萨斯州等，生产全国 70%的小麦；在南部地带，东起大西洋西至得克萨斯的西部是美国的棉花带；此外还有西部地区的高山放牧和灌溉农业区、南部沿海的果品蔬菜带及东部沿海的混合农业带。

（三）美国的对外贸易

美国是世界贸易最发达的国家。第二次世界大战后，美国对外贸易额曾占到世界的 1/3，其后美国贸易的相对地位有所下降。不过它依然保持世界首位贸易大国的地位。2008 年美国货物贸易进出口 34 002.8 亿美元。其中，出口 13 001.4 亿美元，进口 21 001.4 亿美元。商品的进出口和服务贸易的进出口均为世界第一。

虽然美国贸易发达，但其对外依存度只有 10%左右，在世界主要贸易国家中最小，这使得美国在对外贸易的关系中处于有利的位置。而另一方面，美国贸易长期处于逆差状态，2008 年贸易逆差数额达到 8 000 多亿美元。这些促使美国出台了一些贸易保护政策，从而引起与一些相关国家的矛盾和纠纷，这对美国经济产生了十分不利的影响。

美国对外贸易的主要伙伴是加拿大、日本、墨西哥和欧盟各国，与亚洲新兴国家包括韩国、新加坡、我国大陆和台湾地区的贸易增长很快。主要出口的商品有大型工业设备、高技术产品、飞机宇航制品、化工制品和农产品，此外美国是世界最大的军火出口国。进口商品有汽车及零部件、机器设备、办公用品、轻纺产品、家用电器以及包括石油在内的各种资源。美国是各类资源的最大进口国。

美国是世界上对外投资最多的国家。主要的投资对象是加拿大和西欧各国的石油提炼和各种制成品的生产；对发展中国家的直接投资主要用于各类资源的开采，以及便于美国节约劳动成本的加工装配等项目。

美国还是世界上吸收外资最多的国家，并且吸收外资的规模要远远超过美国的对外投资规模。特别是近年来，随着美元的贬值，又引发了新一轮对美投资热潮。

自 1972 年中美建交之后，虽然经历了一些波折，但快速稳定的发展一直是总的趋势。从双边的贸易量来看，美国已成为我国的第二大贸易伙伴，同时我国成为了美国的第四大贸易对象。据美国商务部统计，2008 年中美双边贸易额为 4 092.5 亿美元。我国对美国的出口商品有机电产品、纺织品、服装、鞋类、玩具、家用电器、工艺品、水产品、五金及一些矿产品；从美国进口的商品有飞机及零部件、电子计算机、石油制品、化工设备、通信设备、发电设备和农产品等。除贸易之外，美国还是我国外资的主要来源；同时我国在美国的投资，这都进一步加强了双方的经贸关系。

五、美国的交通运输

美国是世界交通运输最发达的国家，各种交通运输方式都得到了充分发展。

美国铁路线的长度为 40 万公里左右，占世界第一位。虽然在美国运输中的地位有所下降，铁路运输仍然在货物运输，特别是东西部之间的长距离货物运输中起骨干作用。

美国被称为“轮子上的国家”，汽车运输高度发达是美国的一个显著特征。美国拥有公路 600 多万公里，高速公路近 9 万公里，均占世界之最，特别是高速公路占世界全部高速公路的 70%；其注册小汽车为 12 975 万辆，卡车为 7 730 万辆。公路运输几乎完全垄断了中短途运输，客运和货运的情况都是如此。在大型拖挂车发展之后，公路运输甚至已取代了部分过去由铁路运输负责的长途货运。

美国的水路运输由内河运输和海上运输组成。内河运输则由密西西比河与五大湖构成发达的内陆水运网。美国东西分别相邻大西洋和太平洋，南部则相邻墨西哥湾，海运条件十分便利。不过，因管理费用偏高，注册的美国船队很少。海外运输的大部分是通过租用外国船或者由“方便旗船”来完成。美国沿海的港口数量多，各类的设备设施齐全，为船舶的停靠和进出提供了方便。

美国航空运输发展极为迅速，特别是在长距离的客运方面是旅客出行的第一选择。在一些中短途的客运方面也开始与公路运输进行竞争。美国拥有 14 000 多个机场，其中纽约、芝加哥、洛杉矶、费城、达拉斯、迈阿密、华盛顿和旧金山等机场都拥有众多的国际航线。

练一练

美国最主要航空国际货运中心的中英文名称和代码。

模块小结

美国是当今世界上唯一的超级大国，是全球政治、军事、经济和科技大国，在国际贸易中其贸易地位、贸易数量均居世界首位。美国也是目前我国主要的贸易国。本模块对美国的地理环境、人文特征、经济和贸易状况以及交通运输进行了概要的介绍。

课外活动建议

1．在空白图中填出美国的主要城市、港口及美国主要的州。
2．学生分组对美国的自然地理、人口、经济和港口等方面作专题介绍。
3．班内开展美国知识竞赛或专题日活动。

综合练习

一、填空题

1．美国东北部有世界最大的内陆湖群，包括__________、__________、__________、__________和__________，是世界上最大的淡水水域，素有“__________”之称。其中__________湖为世界上最大的淡水湖。

2．美国的“制造业带”位于西起__________，东至__________，南起__________和__________，北到__________及__________的狭长地带。

3．美国的“汽车城”是__________。这里集中了美国__________、__________和__________三大汽车公司。

4．美国的“硅谷”位于__________。

5．美国最大的交通枢纽是__________；美国最大的港口是__________。

二、思考题

1．美国的高技术工业对美国经济的振兴起到什么作用？
2．从自然地理、历史和经济等因素，综合分析美国经济现状的成因。

模块八　日 本 概 况

学习目标

1．熟练掌握日本的地理位置和领土范围，能够准确地填图。
2．熟悉日本的自然地理和宗教特征，能够进行描述。
3．能够在空白填充图上用中英文准确填出日本的主要大城市和交通枢纽。
4．了解日本的商务礼仪，会处理与日本人的商务活动。
5．了解日本的经济和贸易特征。

教学准备

1．亚洲及日本的教学 PPT。
2．地图册（学生用）。
3．日本空白图。
4．学时：4 学时。

学习导入

小丽所在的公司是一家经营针织品的进出口贸易公司，小丽被安排在日本科工作。为了更好地做好业务工作，经理要求小丽尽快熟悉日本的有关知识和贸易情况。小丽灵机一动就回到原学校去请教自己的老师，请他给自己介绍介绍日本的经济地理概况。

基础理论知识介绍

一、地理位置及领土

日本，全称日本国。货币名称为日元。日本是亚欧大陆东部太平洋西北部的一个群岛国家，东临太平洋，西隔东海、黄海、朝鲜海峡和日本海同中国、朝鲜、韩国和俄罗斯等国相望。日本领土由北海道、本州、四国和九州四个大岛以及附近的 3 000 多个小岛组成，统称日本群岛。日本面积 37.8 万平方公里。日本的国土习惯上自北向南分为北海道、东北、关东、中部、近畿、中国、四国和九州 8 个地区。首都是东京。日本地图见图 8-1。

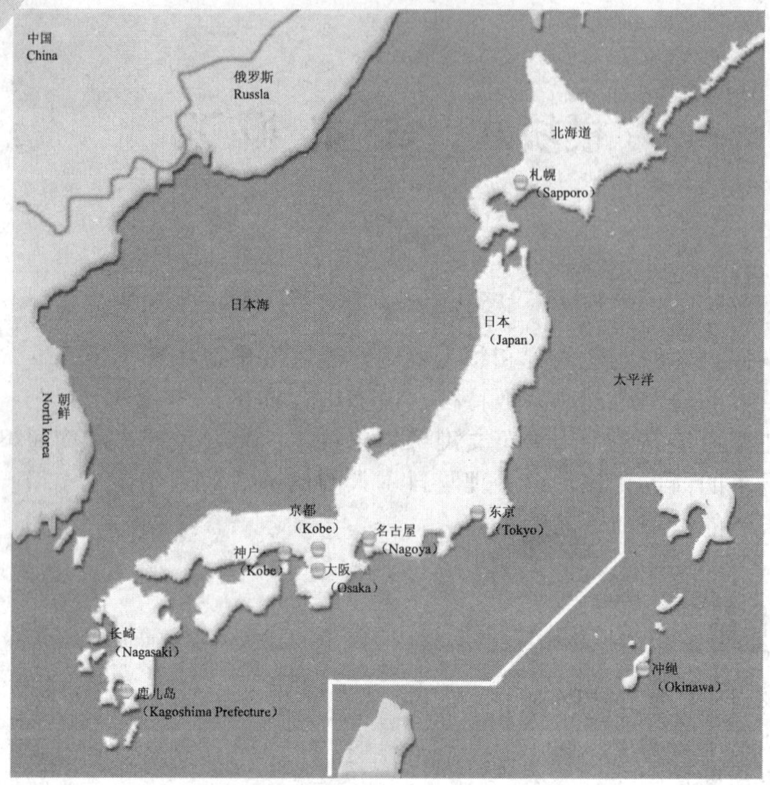

图 8-1　日本地图

二、自然条件与自然资源

日本地表崎岖，山地和丘陵约占全国总面积的 70% 以上。虽然多山的地形使日本缺少平坦而广阔的耕地，但森林资源丰富，其覆盖率高达 67%。

日本是世界著名的多火山、多地震的国家。全国有 160 多座火山，50 多座是活火山。富士山既是全国的最高峰，也是一座著名的活火山，海拔 3 776 米。虽然火山给当地人们的生活带来了很大麻烦，但是在火山分布地区，景色优美，温泉资源丰富，境内温泉多达 1 200 处。箱根、热海、日光和别府等温泉均为著名的观光疗养胜地。

日本大部分地区属于温带海洋季风气候，四季分明，终年温和湿润。与同纬度的大陆相比，冬无严寒，夏无酷暑，1 月平均气温北部–6 摄氏度，南部 16 摄氏度；7 月北部 17 摄氏度，南部 28 摄氏度。日本列岛的大部分地区雨水充足，尤其 6 月份多梅雨，年降水量 700～3 500 毫米，最高达 4 000 毫米以上。东部太平洋沿岸为夏季多雨地带，而西部的日本海沿岸为冬季多雪地带。另外，日本夏秋两季多台风。多山的地形、丰沛的降水以及狭长的领土，造成日本河流流程短，流速快，水力资源极为丰富，水能蕴藏量约为 5 000 多万千瓦。境内最长的河流是信浓川，长约 367 公里。最大的湖泊是琵琶湖，面积 672.8 平方公里。

为什么日本会成为国际市场上原材料进口的大国？

日本矿产资源贫乏，在各种矿物资源当中，只有石灰石、硫磺资源较为丰富，而其他资源特别是石油、天然气、煤炭和铀等能源资源和铁矿砂、锰、铝和锌等金属矿产资源则尤显缺乏。

三、人口、宗教、礼仪

截至 2004 年 1 月日本人口约 1.27 亿，居世界第八位。日本是世界上人口密度最大的国家之一，平均人口密度达到 320 人/平方公里。人口分布极为不均，从东京到北九州的太平洋沿岸地区的人口约占全国总人口的 60%以上，尤其在东京、大阪、神户和名古屋四大城市周围，人口更为集中，平均密度高达 2 300 人/平方公里，而北海道、本州岛的东北部和南四国是全国人口最为稀少的地区。

日本城市人口占总人口的 77%以上，是城市化水平很高的国家。百万人口以上的大城市有东京、横滨、名古屋、大阪、神户、京都、北九州、札幌、川崎、福冈和清水。

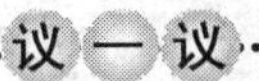

这些百万人口以上的大城市都在哪儿？在分布上有哪些特点？

日本是一个单一民族的国家，除北海道等北方地区有少数阿伊努人外，绝大多数属于大和民族，约占总人口的 99%。日本居民多信奉佛教，其次是基督教和天主教。

日本以“礼仪之邦”著称，讲究礼节是日本人的习俗。平时人们见面总要互施鞠躬礼，并说“您好”，“再见”，“请多关照”等。

日本人初次见面对互换名片极为重视。初次相会不带名片，不仅失礼而且对方会认为你不好交往。互赠名片时，要先行鞠躬礼，并双手递接名片。接到对方名片后，要认真看阅，看清对方身份、职务和公司，用点头动作表示已清楚对方的身份。如果你是去参加一个商业谈判，你就必须向房间里的每一个人递送名片，并接受他们的名片，不能遗漏任何一个人。

日本人设宴时，传统的敬酒方式是在桌子中间放一只装满清水的碗，并在每人面前放一块干净的白纱布，斟酒前，主人先将自己的酒杯在清水中涮一下，杯口朝下在纱布上按一按，使水珠被纱布吸干，再斟满酒双手递给客人。客人饮完后，也同样做，以示主宾之间的友谊和亲密。

日本人无论是访亲问友或是出席宴会都要带去礼品，到日本人家去做客必须带上礼品。给日本人送礼要掌握好“价值分寸”，礼品既不能过重，也不能过轻。日本人不当着客人的面打开礼品，这主要是为了避免因礼品的不适而使客人感到窘迫。日本人送礼一般不用偶数，这是因为偶数中的“四”在日语中与“死”同音，为了避开晦气，诸多场合都不用“四”，久而久之，干脆也不送“二”、“六”等偶数了。日本人爱送单数礼品，尤其是“三”、“五”、“七”这三个单数。但“九”也要避免，因为“九”与“苦”在日语中发音相同。

四、经济与贸易

日本是世界第二经济大国，2008 年日本实际 GDP 达 4.84 万亿美元，GDP 总量仅次于美国。人均 GDP4.15 万美元。2008 年对外贸易总额为 1.5 万亿美元，但受国际金融危机影响，2008 财政年度日本对外贸易 28 年来首次出现逆差，逆差额为 7 253 亿日元。截至 2009 年 8 月底，日本外汇储备达 1.042 34 万亿美元。

（一）工业

日本工业高度发达，其生产全部实现机械化和自动化，劳动生产率已达到或超过世界先进水平，主要工业品的质量和产量都居世界前列。尤其是汽车、船舶、钢铁、石油制品、乙烯、家用电器和钟表等 15 种主要工业品不仅产量居世界第一、二位，并且质量一流。

虽然日本工业高度发达，但由于国内矿产资源严重缺乏，国内市场狭小，工业生产用原料和燃料绝大多数依靠从国外进口，所生产的大部分工业品要销往国际市场，对国际市场有严重的依赖性。

练一练

请在日本地图上将“太平洋带状工业地带”标注出来，并分析一下日本这种工业布局的形成原因。

另外，由于日本工业的对外依赖，日本的工业布局具有典型的“临海型”布局特征。日本工业高度集中于太平洋沿岸的“三湾一海”地区。“三湾一海”是指东京湾、伊势湾、大阪湾和濑户内海地区，这里是日本乃至全世界港口最集中地区之一，集中了千叶、横滨、川崎、东京、名古屋、大阪和神户等世界重要港口。这一地区拥有 1 都、2 府、18 县，面积约 10.8 万平方公里，约占日本面积的 29%。

“三湾一海”地区面积不到全国总面积的 1/4，几乎集中了日本全国的石油化工、钢铁机械、建材造船等基础工业。该地区钢铁总量占全国的 96%，全国几乎 100%的石化工业和造船业以及绝大部分汽车工业都集中在该地区。“三湾一海”的“太平洋带状工业地带”，不仅是日本也是世界工业最发达的工业区之一，包括了京滨、中京、阪神、濑户内和北九州五大工业区。

1. 能源工业

第二次世界大战以后，日本的能源消费结构由过去以煤炭为主转向以石油为主。日本已经成为世界第二大石油消费国。石油加工工业是日本战后发展速度最快的工业部门之一。日本石油资源贫乏，原油主要靠进口，99.8%由中东、非洲和东南亚供应。日本石油加工工业主要集中在太平洋沿海地带，京滨工业区是全国最大的石油工业基地，横滨、川崎、千叶、水岛、大阪和四日等均为重要的炼油中心。

日本是世界上电力工业发达的国家，日本的总发电量已占世界的 7.4%，居世界第三位。日本的电力以发展火电为主，电站主要分布在五大工业区，其中以鹿岛的设备能力最强。近年来，为了使能源供应保持长期稳定，减少石油进口，日本积极发展核电工业，目前在全国已建立了 20 多座核电站，在全国电力构成中，核电已占到 36%。核电站主要分布在福井和福岛两县。日本水力资源丰富，水电站主要分布在大河的上游地区。

2. 钢铁工业

日本钢铁工业现代化水平很高，其劳动生产率和生产技术超过欧美各国。日本钢铁工业的主要产品有冷轧钢板、宽带钢、焊管、厚板、型钢、镀锌板、棒钢、线材、特种钢和无缝钢管。钢铁工业企业几乎都布局于太平洋沿岸的五大工业区内，其中阪神

工业区为全国最大的生产基地。

3．汽车工业

日本是世界第二大汽车生产国和最大汽车出口国。受全球金融危机的影响，2008 年日本汽车生产为 1 156.362 9 万辆，比 2007 年减少 0.3%，为 7 年来首次下降，但出口汽车达到 672.709 1 万辆，比 2007 年增加 2.7%，连续 7 年保持增加。汽车工业与钢铁工业、造船工业被称为日本三大工业支柱，其产值占整个制造业的 10%。

日本汽车以省油、性能好、价格便宜等优势享誉世界，汽车已成为日本第一大出口商品，主要销往美国、西欧以及亚洲一些国家。日本汽车生产的 90%被丰田、日产、三菱、五十铃和本田等几家大公司所控制。其中丰田汽车制造公司是仅次于美国通用汽车公司的第二大汽车生产厂家，其产量占全国总产量的 1/3。

汽车工业大多布局在太平洋工业地带内，以京滨和中京两大工业区最为集中，两区约占全国总产量的 70%以上。位于名古屋附近的丰田市，是丰田汽车制造公司所在地，有日本“底特律”之称。另外，名古屋、东京和川崎等也是汽车生产中心。

4．造船工业

日本的造船工业历史悠久，1956 年开始就成为世界最大船舶生产国，每年造船吨位约占世界造船总吨位的一半左右，素有“造船王国”之称。日本造船工业以生产商船为主，如油船、矿石船、液化气船和集装箱船等，而且出口量大，约占外贸总额的 10%左右，是日本主要的出口换汇产品。每年日本船舶出口量占世界船舶出口总量的 50%～60%。

日本造船工业庞大，有上千家造船厂，世界著名的厂家有三菱重工、川崎重工、三井造船和日立造船等。

造船工业主要分布在太平洋沿岸的钢铁工业中心，其中长崎是日本和世界最大的造船中心之一。

5．电子和电器工业

电子电器工业是日本战后新兴的工业部门，发展迅速，目前的生产规模仅次于美国，居世界第二位。日本电子和电器工业生产结构不断调整，20 世纪 60 年代重点发展音响产品，70 年代发展视像产品，80 年代是集成电路，90 年代以计算机和通信设备为主，近年来液晶薄型电视、DVD 录像机等数码家电产品成为促进电子信息产业增长的动力。

日本电子电器工业水平一流，在许多领域居世界领先地位，比如半导体技术的开发和生产，日本已明显超过美国。在计算机生产方面，以微电子为中心的新技术、新产品已广泛应用于生产领域，并向社会其他领域渗透。日本计算机拥有量位居世界第一位。富士通公司是仅次于美国 IBM 公司的世界第二大计算机公司。

日本电子和电器工业主要集中于京滨和阪神工业区，九州岛是最大的集成电路生产基地，被称之为“硅岛”。

6．石油化工工业

石油化工工业是日本在 20 世纪 50 年代中期发展起来的新兴部门，目前石化产品的产值已占到日本化工工业总产值的 1/3 以上。主要产品有乙烯、合成橡胶、塑料、化学

纤维等，其中乙烯的产量仅次于美国，居世界第二位。

石油化工工业主要布局在太平洋沿岸的石油工业基地，生产中心有川崎、千叶、市原和鹿岛等。

（二）农业

二战以后，日本采取了限制农业，重点发展重化工业的政策，农业发展速度落后于工业，在国民经济中的比例逐步降低。目前农业产值只占国民生产总值的 2%，农业人口只占总人口的 4.6%，农产品自给率不足 40%，粮食自给率为 27%，日本是世界农产品主要进口国。但是日本农业生产的现代化水平非常高，生产已实现全盘机械化和栽培科学化。

日本农业以水稻种植为主。水稻是日本主要的粮食作物，占耕地面积的 45%，占粮食作物面积的 80%以上。水稻种植主要集中于东北和北部两个地区，其稻米产量占全国总产量的 40%以上。

日本是世界重要的渔业生产大国，年捕鱼量 1 000～2 000 万吨左右，约占世界总捕鱼量的 15%，居世界首位。捕鱼区以北海道、东北地区的东岸与北九州西岸最为重要。主要渔港有钏路、八户、稚内和长崎等。

（三）对外贸易

日本是世界第四大贸易国，对外贸易在日本国民经济中具有举足轻重的地位。日本出口商品以汽车、钢铁、机械、电子产品和船舶等为主，日本已成为世界高技术产品最大的出口国。进口商品以铀、镁、铁等工业原料、燃料和食品、农产品为主。但近年来进口商品结构发生明显变化，制成品进口已占到进口总额的 60%以上。增幅较大的商品有精密机械、仪器仪表、重型车辆、半导体设备、计算机及其辅助设备和照相机等。

美国是日本最大的贸易伙伴，对美贸易约占日本贸易总额的 1/3。亚洲是日本另一个重要的贸易地区。一方面，亚洲是日本最主要的原料供应地，日本进口商品的 1/2～1/3 来自于亚洲国家。西亚是日本石油、天然气的主要进口地区。东南亚是铜矿石、天然橡胶、铁矾土、锰、铬和铁矿石的重要来源。另一方面，亚洲又是日本出口商品的重要市场和投资市场，日本出口商品的 1/3 左右输往亚洲国家。其中，东南亚是日本传统商品的出口市场。日本商品占韩国、菲律宾和泰国等国家进口商品总额的 1/3 以上，印尼甚至达到 1/2 左右。欧盟是日本第三大贸易地区，占日本贸易总额的 15%左右。日欧贸易主要集中于钢铁、汽车和家用电器等商品。日欧贸易间日本有着巨额贸易顺差。

日本是我国的近邻，自古两国就有贸易往来，日本是中国重要的贸易伙伴。中国向日本出口的商品有机电产品、服装及衣着附件、鞋类、纺织品纱线、织物及制品等。日本向我国出口的商品主要有成套设备、钢材、汽车、机械、家用电器、通信设备、塑料制品、纸制品、化工产品和光学仪器等。2004 年以来日本向我国出口的产品以电器及电子产品和机械设备产品为主，几乎占日本向我国出口总额的一半，此外还有机动车辆、玻璃及其制品、化学纤维、汽车零配件和电子产品零配件产品等。2004 年以来日本从我国进口的主要产品是电器及电子产品和机械设备产品，两类产品在日本从我国进口产品总额中所占的比重达到 34.5%，纺织品占总进口的比重为 17.9%。另外，随着日本许多电器生产商相继将生产基地转移到我国，在我国生产的电脑、打印机等产品出口到日本的规模大幅增加。

五、交通运输

日本的交通运输非常发达，部门齐全，技术和设备先进，形成了现代化的运输网络。日本客运以铁路和公路运输为主，货运以公路和海运为主。但近十年来，运输业的结构发生了很大变化，铁路运输比重下降，公路运输地位提高，尤其在长途客货运输中的比重逐步加大。

1．公路运输

公路运输是日本运输的骨干力量，约承担国内货运总量的90%以上和客运的70%以上，并承担长途运输任务。目前日本公路全长114万公里，拥有汽车5 000多万辆，汽车拥有量仅次于美国，已进入“汽车时代”。近年来，公路运输高速化发展很快，高速公路已达到6 000多公里。重要的高速公路有京名（东京-名古屋）和名神（名古屋-神户），现在这两条高速公路以延伸到北九州地区，成为太平洋沿岸的高速公路运输主干线。

2．铁路运输

日本铁路运输发达，铁路营运里程2.8万公里，电气化率达到50%，其中电气化高速铁路2 484公里。日本是世界上较早研究磁悬浮列车技术的国家，并于1988年投入正式运营，列车时速可达到500公里/小时。

日本铁路干线主要布局于沿海一带，主要有山阳、东海道和东北等干线。20世纪60年代开始修筑高速铁路，称之为“新干线”，日本现在有5条新干线，即东海道新干线（东京和福冈）、山阳新干线（大阪和博多）、东北新干线（大宫和盛冈）、上越新干线（大宫和新涛）和长野新干线。

3．航空运输

日本的航空业相当发达。日本主要的航空公司有日本航空公司（JAL）、日本全日空航空公司（ANA）和日本航空系统公司（JAS）。这些公司都有与欧洲、亚洲和美洲等各主要城市的庞大的航线网络。另外，世界各国的主要航空公司也有飞往日本各主要城市的飞机航班。日本的主要机场有羽田、成田、关西、福冈、大阪国际、名古屋、那霸、鹿儿岛和宫崎。

日本主要的航空国际货运港，其代码是什么？

4．海洋运输

日本是岛国，加之经济上对外依赖严重，海运量极大，海运是日本对外经济联系的主要运输方式。日本拥有庞大而且现代化的商船队，其船舶拥有量居世界第二位，且船龄平均不超过10年，以油船为最多。日本的海上运输量约占世界的12%。有30多条通往世界的定期航线。

日本有1 000多个海港，主要的海运港口有横滨、神户、东京、大阪、千叶、名古屋、北九州和川崎。其中横滨和神户是主要的贸易大港，其吞吐量约占出口货物总量60%、进口货物总量的35%。

模块小结

日本是我们的近邻，是我国最主要的贸易伙伴之一。日本是一个经济高度发达的资本主义工业大国，也是国际市场上的贸易大国和强国。本模块从日本的自然地理特征、人文特征、商务习俗、经济贸易现状和特点等几个方面进行了概要地介绍，使同学们能对日本有初步的了解。

课外活动建议

1．教师组织学生进行日本重要城市和交通枢纽填图练习。

2．学生分组对日本的自然地理、人口、商务礼仪、经贸、交通和港口等方面进行专题介绍。

3．班内开展日本知识竞赛或专题日活动。

综合练习

一、填空题

1．日本领土由________、________、________和________四个大岛以及附近的 3 000 多个小岛组成，统称日本群岛。

2．日本的政治、经济、文化的中心地带是________湾、________湾、________湾沿岸及________海沿岸。

3．日本的五大钢铁工业基地是________、________、________、________，其中________地区为全国最大的钢铁工业基地。

4．日本的著名汽车企业有________、________、________、________和________；日本的“汽车城”是________。

二、思考题

1．日本的自然资源的特点是什么？它对日本经济的发展有何影响？

2．日本工业的地域分布有何特点？其形成原因是什么？

模块九　欧盟及其主要国家概况

学习目标

1．熟练掌握欧盟及其主要国家的地理位置和领土范围，能够准确地填图。
2．熟悉英、法、德三国的自然地理、语言和宗教特征，能够进行简单描述。
3．能够在空白填充图上用中英文准确填出英、法、德三国的主要大城市和交通枢纽。
4．了解英、法、德三国的商务礼仪，会处理与英、法、德三国客户的商务活动。
5．了解英、法、德三国的经济和贸易特征。

教学准备

1．欧盟及其主要国家的教学 PPT。
2．地图册（学生用）。
3．欧盟及其主要国家的空白图。
4．学时：4 学时。

学习导入

小张今年刚刚毕业，应聘来到一家进出口贸易公司。公司安排他负责与欧洲的业务往来。为此，小张开始紧张地搜寻有关的材料。

基础理论知识介绍

一、欧盟概况

欧洲联盟（European Union），简称欧盟（EU），是由欧洲共同体（European Communities，又称欧洲共同市场）发展而来的，是一个集政治实体和经济实体于一身、在世界上具有重要影响的区域一体化组织。1991 年 12 月，欧洲共同体马斯特里赫特首脑会议通过《欧洲联盟条约》，通称《马斯特里赫特条约》（简称《马约》）。1993 年 11 月 1 日，《马约》正式生效，欧盟正式诞生。

欧盟现有 27 个成员国和近 5 亿人口（2007 年 1 月），总部设在比利时首都布鲁塞尔。欧盟的宗旨是“通过建立无内部边界的空间，加强经济、社会的协调发展和建立最终实行统一货币的经济货币联盟，促进成员国经济和社会的均衡发展”，“通过实行共同外交和安全政策，在国际舞台上弘扬联盟的个性”。欧盟 27 国总面积 432.2 万平方公里。

知识链接

欧盟的成员国

至2007年1月止共有27个成员国，它们是：法国、德国、意大利、荷兰、比利时、卢森堡、英国、丹麦、爱尔兰、希腊、葡萄牙、西班牙、奥地利、瑞典、芬兰、马耳他、塞浦路斯、波兰、匈牙利、捷克、斯洛伐克、斯洛文尼亚、爱沙尼亚、拉脱维亚、立陶宛、罗马尼亚和保加利亚。

欧盟的诞生使欧洲的商品、劳务、人员和资金自由流通，使欧洲的经济增长速度快速提高。目前欧盟可以称得上是个经济“巨人”。

知识链接

欧　　元

欧元（EURO）是欧洲货币联盟（EMU）国家单一货币的名称，是EMU国家的统一法定货币。欧元是欧盟中16个国家的货币，这16个国家是：奥地利、比利时、芬兰、法国、德国、希腊、爱尔兰、意大利、卢森堡、荷兰、葡萄牙、斯洛文尼亚、西班牙、塞浦路斯、马耳他和斯洛伐克，它们合称为欧元区（Eurozone）。自1999年1月1日起，在奥地利、比利时、法国、德国、芬兰、荷兰、卢森堡、爱尔兰、意大利、葡萄牙和西班牙 11 个国家（以下称为“欧元区内国家”）开始正式使用欧元。希腊于2000年加入欧元区，成为欧元区第12个成员国。2002年1月1日，欧元取代上述12国的货币。斯洛文尼亚于2007年1月1日加入欧元区，成为第13个成员国。塞浦路斯于2008年1月1日零时与马耳他一起加入欧元区，从而使欧元区成员国从之前的13个增至15个。2008年6月19日，欧盟峰会批准斯洛伐克在2009年加入欧元区，从而使之成为第16个使用欧元的欧盟成员国。欧元的国家标准代码为EUR。

二、英国概况

（一）地理位置与领土

英国的全称为大不列颠及北爱尔兰联合王国，有时也称为联合王国。它位于欧洲西北部的大西洋上，是个岛国。其南部与欧洲仅隔一条英吉利海峡，海峡最窄处只有 32公里。目前在这里已建成海底隧道（见图9-1），因此英国已不再是传统意义上的岛国。

图9-1　英吉利海峡海底隧道

英国领土面积为 24 万平方公里。英国领土由爱尔兰岛北部和大不列颠岛及周围群岛组成（见图 9-2），其中大不列颠岛又可分为英格兰、苏格兰和威尔士三部分，即所谓的"英伦三岛"。英格兰所占面积最大，为大不列颠岛面积的 60%，而英国的简称正是从此而来。

（二）自然条件与资源

大不列颠岛以低山和丘陵为主，其西北高、东南低，具体表现为西部的威尔士和北部的苏格兰均以山地和高原为主，而英格兰北部和中部较高，向南逐渐降低。英格兰的南部地区是英国主要的平原区。

英国的气候属于典型的温带海洋型气候，基本特点为温和湿润，日照少，秋冬多雾。这种气候对英国种植农业的发展不利，但多汁的牧草却为畜牧业的发展提供了良好条件。

英国河流多，水网稠密。360 公里长的塞汶河为英国最长河流，而著名的泰晤士河自西向东从英格兰南部流过，途经伦敦，继续向东 60 公里，到达北海。

英国资源丰富，特别是煤矿、石油和天然气等能源资源极为丰富，是欧盟国家中能源资源最丰富的国家。英国周围还拥有世界著名的渔场——北大西洋东北渔场。

（三）居民

英国人口约 5 940 万，主要由英格兰人、苏格兰人、威尔士人和爱尔兰人组成，其中 80%为英格兰人。官方语言和通用语均为英语。居民多信奉基督教新教。

英国人口密度为 224 人/平方公里，属于高人口密度国家，并且人口的 90%集中在城市。和其他欧盟国家不同，英国大城市多，伦敦、伯明翰、曼彻斯特、利兹、格拉斯哥、利物浦和纽卡斯尔等城市人口都超过百万。

英国人待人接物十分注重礼节。对于初次交往的人，他们比较谨慎保守，但对老朋友则非常友好热情，并能够保持长期的友谊关系。

图 9-2　英国地图

在商务活动中，英国人穿着正统，男士一般穿三件套西服，女士则穿裙装。英国人时间观念强，以守时为美德。

英国人喜欢喝茶是众所周知的，他们在休息、上班甚至早上等各种场合喝茶，其中下午的喝茶时间最为固定。英国人的喝茶方式与我们不太一样，他们一般先在茶杯中冲入牛奶，之后再放入茶叶，顺序相反则被认为没有教养。

与英国人交往时要注意谈话的内容，个人隐私包括年龄、泾济收入和婚姻状况等都要避讳，也不要把英国王室的家事作为谈笑对象。切记不要把他们称为英国人（English），应称为不列颠人（British），因为“英国人”的原意是英格兰人。

由于宗教的原因，不少英国人避讳13这个数字，如果是星期五又逢13号，会被视为双倍的不吉利，做事情要尽量避开。英国人忌用人物肖像、大象、孔雀和山羊等作为商标图案。

（四）经济发展

英国是现代资本主义的发源地，也是世界最早开始工业化的国家，在近代世界经济中曾长期占据统治地位。在两次世界大战中，英国经济遭到严重的破坏，“日不落”帝国的殖民体系也被彻底瓦解。

第二次世界大战后，英国经济经历了曲折的发展。特别是从20世纪50年代到70年代中期，英国经济一直处于“走走停停”的低迷状态，甚至被称为患上了“英国病”。直到20世纪70年代中期以后，随着英国加入欧洲经济共同体，以及国内实施包括强调发挥市场经济作用、减少国家干预、进行经济结构调整等多项有力的整顿措施，英国经济才步入正常“轨道”，甚至一些年份的快速发展被誉为西欧经济的唯一亮点。2008年英国国内生产总值2.57亿美元，居世界第五位，人均国民收入为42 430美元，属高收入国家。

1．工业

英国曾被称为“世界工厂”，是开创现代工业最早的国家。英国工业依然占国内生产总值近30%，是主要的经济部门。工业就业人数也占全部就业人数的30%。

在英国工业中，生物制药、航空、电子和石油化学工业是主要支柱，也是英国最具创新和竞争力的行业，而曾经给英国带来骄傲的纺织、采煤、冶金、造船和机械等产业，已被归为“夕阳工业”。

（1）能源工业。英国是西欧最大的也是生产条件最优越的能源生产国。资源丰富的北海油田，已探明的石油储量约20亿～30亿吨、天然气1.29×10^{13}～3.8×10^{13}立方米。以此为重点开发，英国已成为世界十大产油国之一，并且是世界主要发达国家中唯一可以依靠自己的资源满足石油供应的国家。由于地理位置的原因，北海石油强劲地带动了曾长期处于经济萧条的苏格兰和英格兰东北地区的发展。阿伯丁已成为西欧最大的石油工业基地。英国煤炭的生产已过了鼎盛期，只能维持在年生产3 000万吨的水平。英国最大的煤田在中英格兰地区，此外苏格兰低地、英格兰东北及威尔士南部也有一定规模。英国还积极生产核能，拥有14座核反应堆。

（2）钢铁工业。英国是现代钢铁工业的发源地，钢铁产量曾占世界产量的一半。目前钢铁的年产量约1 000多万吨，以优质钢和特殊钢为主。钢铁生产集中在米德兰和

约克郡，生产历史最为悠久，而南威尔士和英格兰东北和苏格兰低地则是现在重要的产区。

(3) 汽车工业。英国汽车工业已有一百多年的发展历史，涌现出包括罗尔斯-罗伊斯、罗孚公司等在内的知名品牌公司。外国汽车公司的介入对现代英国汽车工业影响很大。近年来英国的汽车年产量维持在一百多万辆，排名欧洲第四位，多数供出口。汽车工业中心主要分布在伦敦的东南区和西米德兰地区。

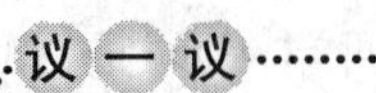

议一议

你能列举出哪些英国出产的汽车品牌？

(4) 航空航天工业。英国的航空航天工业在世界的地位仅次于美国、法国，排名第三。其产品齐全，包括民用飞机、军用飞机、人造卫星、直升机、制导武器和航空发动机，60%以上供出口。英国航空工业分布较为分散。

(5) 电子工业。英国的电子工业是英国发展最快的产业之一，在欧洲乃至在世界都有很大影响。它是欧洲最大的计算机生产国，有各种软硬件在内的系列产品，此外各种通信器材、雷达和导航设备都有很强的竞争力。电子工业有两大产地，一处位于苏格兰地区的所谓“苏格兰硅谷”，另一处位于英格兰南部的“泰晤士硅谷”。

(6) 纺织工业。英国的纺织工业曾经是英国的主要支柱，它曾垄断了当时世界市场的一半多。不过目前已经衰落，规模不大。但其在生产高质量的纺织品方面还是占有重要地位的。主要产地集中在伦敦、约克郡和兰开郡。曼彻斯特是最大的棉纺中心，利兹则是毛纺中心。

2. 农业

第二次世界大战后，英国改变了长期不重视农业的策略，迅速地实现了农业的现代化。它的农业能为国内提供所需粮食的2/3和所需农产品的4/5，使英国成为欧盟的第四大农产品出口国。英国的农业生产以畜牧业为主，约占农业产值的70%，种植业仅占30%左右。畜牧业以奶牛、绵羊和家禽生产为主。种植业集中在光照和气候条件较好的英格兰南部，而其他大部分地区主要以畜牧业为主。

3. 对外贸易

英国素有“贸易加工国”之称，为世界第五大贸易国和第二大对外投资国。英国主要出口工业制成品，包括机械设备、化工、医药、飞机、汽车、电子通信器材、纺织及石油等商品，进口商品主要是工业制成品和半制成品，服务贸易出口仅次于美国。英国是我国在欧盟中第二大贸易伙伴，而且是我国主要的外资来源国之一。

（五）交通运输业

英国交通运输业发达，各类交通运输部门齐全。快速铁路网覆盖全国，首都伦敦有十分发达的地铁网。公路长度已达40万公里，高速公路虽然仅占全部公路里程的1%，却承担着30%的公路货运量。英国是世界水上运输最发达的国家，目前拥有商船吨位1 500万吨。英国航空公司是世界最大的航空公司之一，其航线可达70多个国家的160多个地点。伦敦的希斯罗机场的年客运能力高达4 000万人次。

三、法国概况

（一）地理位置和领土

法国位于欧洲大陆的西端，西濒大西洋，南临地中海，西北隔英吉利海峡与英国相望。陆上邻国有德国、西班牙、意大利、瑞士、摩纳哥、比利时、卢森堡和安道尔。法国领土三面靠陆三面临海，具有海陆兼备的优点。法国是西欧国土面积最大的国家，共55万平方公里，位于南部的科西嘉岛是法国著名岛屿，见图9-3。

图9-3　法国地图

（二）自然环境

法国地势低平，平原和丘陵占全部面积的80%。西北地区低，东南地区高，呈现由西北向东南倾斜的特点。南部及东部地区均以山地为主，包括比利牛斯山、中央高原、阿尔卑斯山、汝拉山和浮日山等。位于东南，靠近意大利、瑞士的勃朗峰海拔4 810米，为西欧的最高峰。

法国是欧洲气候最多样化的国家之一，主要有三种类型的气候，温带海洋气候影响法国的西北地区，地中海气候影响南部地区，温带大陆气候影响东部地区。法国气候的多样性为法国农业的多样化发展提供了较充分的条件。

法国的河流多自东向西流入大西洋，从北到南依次有塞纳河、卢瓦尔河和加龙河。罗纳河自北向南流入地中海。此外，法国东部与德国共享一段莱茵河，流入北海。除了这些天然河流之外，法国还兴建了不少运河，使得这些河流之间方便沟通，形成一张四通八达的水运网。

法国的重要矿产资源有铁矿、铝矾土和钾盐，还拥有能应用于核工业的铀矿资源。

（三）人口

法国人口约 6 140 万（2003 年 1 月），人口数量在欧盟仅次于德国，但人口密度只有 107 人/平方公里，是西欧人口密度最小的国家。北部和东部地区人口较稠密，而西部和西南地区人口较稀疏。法国的城市化率较高，但只有巴黎、里昂和马赛三个城市人口超过百万，其余都为中小城市。长期以来法国人口增长缓慢，人口老龄化严重，劳动力缺乏，是欧盟国家中外来移民最多的国家之一。

法国主要民族为法兰西人，其他少数民族有阿尔萨斯人、布列塔尼人和科西嘉人等。

法国人生性浪漫。例如，他们喜欢用鲜花来传达情谊；但很多花都有特定的含义，要送花最好先在花店问清楚，否则可能引起误解或带来尴尬。法国人十分健谈，他们总是旗帜鲜明地表达自己的观点，甚至在家庭中，不同的成员也会为不同的观点激烈辩论。

法国人喜欢美食，法式面包、奶酪、蜗牛和葡萄酒是最大众化的食品。尤其是葡萄酒，他们吃饭时要喝，平时也要喝，正如有一句话形容的那样，“法国人喝酒就像英国人喝茶一样”。

法国人讲究个性，在着装方面就能够充分地体现出来。在法国首都巴黎，几乎每个人的服装都不同，很多人甚至自己设计自己的服装。风格多样的服装是法国人追求个性多样化的最好体现，而星罗棋布、大大小小的服装店更是巴黎的一景。巴黎时装闻名世界是人所共知的。

（四）经济发展

法国是个老牌的资本主义国家。殖民主义时代一直是仅次于英国的世界第二大殖民国家和经济强国。但近代以来遭遇了多次战争，特别是第二次世界大战，法国的经济遭到了严重破坏。第二次世界大战以后，法国的经济发展大致经历了三个阶段：20 世纪 50 年代末～70 年代初，法国经济呈现高速增长，平均增长率达到 5.7%，在主要资本主义国家中仅次于日本；70 年代中期，在世界经济危机的影响下，法国步入了缓慢的发展阶段，增长率仅为 1%，在主要资本主义国家中最低；90 年代经济开始逐步复苏，当前则保持良好的增长状态。目前，法国的综合经济实力在欧盟国家中仅次于德国，国民生产总值在主要资本主义国家中排名第四位，工农业高度发达，是世界第四大贸易国。

1. 工业

在工业大国中，法国工业排名第四位。工业是法国经济的主体，工业品的出口占出口总额的 80%以上。法国工业部门较多，其中知名度较高的有汽车、航天航空、化学、电子、能源和纺织等工业部门。近年来，核能、石油化工、海洋开发、航空航天、微电子和计算机等新兴工业部门发展较快。

（1）能源工业。法国能源由煤炭、石油提炼和核电等部门组成。其中石油提炼是法国能源工业的主要部分，是提供给法国能源最主要的来源。石油资源的供应绝大部分依赖中东地区。能源资源的缺乏，促使法国大力发展核能技术，并已成为仅次于美国的世界第二大核能发电国家。法国煤炭生产正逐渐衰落，即使加上从德国和波兰的进口，在整个的能源工业中煤炭只起辅助作用。

（2）钢铁工业。法国拥有丰富的铁矿资源，特别集中在东北的洛林，这里曾经是法国最大的钢铁产地。不过法国钢铁工业已经走向衰落，钢铁工业布局已由内地转向沿海，马赛、敦刻尔克等地已成为现在的钢铁中心。

（3）汽车工业。法国是世界汽车工业的主要生产国和出口国。目前法国的汽车工业排名世界第四位，年产汽车 300 万～400 万辆，其中一半以上供出口。“标致雪铁龙”和“雷诺”是法国知名的汽车品牌。汽车生产集中于巴黎、里昂、斯特拉斯堡和圣太田等地。

（4）航空航天工业。航空航天工业是法国的第三大部门，在世界上也仅次于美国和俄罗斯位居第三位，是法国工业的支柱和骄傲。许多闻名世界的航空航天产品，如空中客车、协和飞机和阿利亚娜火箭均是由法国直接参与设计和建造的。航空航天工业具体分布于巴黎、波尔多、马赛和图卢兹等城市，其中图卢兹被为誉法国的“航天城”。

（5）电子电器工业。法国的电子电器工业在世界排名第五位，第二次世界大战以后一直保持快速发展，在电子显微镜、激光发生器、光纤制导系统和声纳等产品方面拥有很高的声誉。汤姆逊公司是法国最大的电器电子公司。电子电器工业主要分布在巴黎、图卢兹及格勒诺布尔市，其中格勒诺布尔市被誉为法国的“硅谷”。

（6）化学工业。法国化学工业排名世界第四位，是法国工业的第二大部门。产品类型较多，最突出的和发展最快的分支有医药工业和香水工业，主要产地在巴黎、里昂和南锡等城市。

议一议

你能介绍一下法国的香水和化妆品的生产情况吗？

（7）纺织和服装工业。纺织和服装是法国具有悠久历史和传统的产业，目前纺织业下降明显而服装业依然活跃，特别是时装更是以设计新颖独特、制作精细和华丽闻名。里昂、里尔和巴黎等为主要的纺织和服装工业中心。

2. 农业

法国是欧盟中最大的农产品生产国和出口国，也是世界第二大农产品出口国。其农产品的种类很多，包括玉米、小麦、各类蔬菜、水果、奶制品和肉等，绝大多数可供出口，葡萄酒和乳制品最为著名。

法国的种植业十分发达，主要产品包括谷物作物、经济作物和园艺产品。小麦和玉米产地分布在巴黎盆地、卢瓦尔河平原和阿坤廷盆地，甜菜产于北部，各种水果花卉集中产于地中海沿岸及附近河谷，包括卢瓦尔河流域。畜牧业占农产值的 55%，略高于种植业，以养牛最为重要，其次是养猪业。养牛业集中在西部和北部的凉爽地区以及南部的高原地区。

议一议

请给同学们介绍一下法国的葡萄酒和乳酪的生产情况。

3. 对外贸易

法国是目前世界上第五大贸易国。第二次世界大战后法国对外贸易迅速发展，已成为国家经济的主要支柱。法国在有形贸易方面逆差较大，纯技术的出口增长快。法国是仅次于美国和独联体的第三大军火出口国。

法国出口产品包括汽车及配件、飞机及宇航用品、药品、有机化工、电器设备、钢材、饮料、种植和养殖产品、办公用电脑及信息设备、机械设备、香水和服装等。主要进口商品包括汽车、石油及煤炭、有机化工、航空及宇航品、电器设备、钢材、机械设

备、有色金属和电子元件等。

法国对外贸易的60%是在欧盟内部进行的。按国别排列的主要贸易伙伴有德国、美国、英国、意大利、西班牙、比利时、荷兰、日本、中国和瑞士等。法国是中国在欧盟的第四大贸易伙伴。我国出口法国的主要商品有服装、塑料制品、鞋类及玩具，从法国进口的主要商品有纺织机械、钢材、医药品、电子仪器、精密机床和航空器材等。

（五）交通运输业

法国交通运输业发达，具有以下特点：①公路运输所占比重大，约占旅客周转量的80%。②国有成分比重大，特别是在铁路运输业和航空运输业尤为明显。③法国交通网的国际性突出，其公路、铁路与西欧的运输网相互衔接。

法国有完整的公路网，总里程约100万公里，还有高速公路8 000多公里。不论在旅客的周转量方面还是在货物的周转量方面，公路运输都占有明显优势。法国铁路运输的总里程为西欧各国第一位，其中电气化铁路占总长度的45%。法国在高速铁路的发展上处于世界前列。海上运输也是法国贸易的主要运输方式，现有商船300多艘，港口72个。法国无论是航空设备还是航空运输量均居世界前列。以巴黎为中心的航空运输网向全国辐射分布。法兰西航空公司是法国最大，也是欧洲最大的航空公司。

四、德国概况

（一）地理位置和领土

德国位于欧洲中部，地处东西欧之间通道，又是南北欧间的重要桥梁，因而有“欧洲陆上交通十字路口”之称。周围拥有法国、瑞士、波兰、捷克、丹麦、比利时、荷兰、奥地利和卢森堡九个陆上邻国。从地理环境上看是一个既容易受周边地区影响，也容易影响周边地区的国家（见图9-4）。

图9-4　德国地图

德国在第二次世界大战后曾经被分裂成为两个国家，即原来的德意志民主共和国与德意志联邦共和国。1990年3月，在经历了40余年之后，两德重新恢复统一，全称为德意志联邦共和国，领土面积为35.7万平方公里。

（二）自然条件和资源

德国地势南高北低。南部为巴伐利亚高原和阿尔卑斯山；在中部，中等高度的山地与河谷交错分布，这里是德国农业发展条件最好的地区；北部为平原区，北临北海和波罗地海，属中欧平原的一部分，面积占全部领土的 2/5。境内水系发达，河流多自南向北流入北海，有莱茵河、易北河和威悉河；多瑙河自西向东流入黑海。莱茵河因终年流量大、水流平稳对航运十分有利，有“黄金水道”之称。各大河流之间均修有运河，使河流运输更加便利。位于德国北部的基尔运河连通了北海和波罗的海，是一条重要的国际性运河，重要性位居世界运河的第三位。德国北部和西部为温带海洋性气候，东部和南部海洋性气候减弱，而大陆性气候增强。矿物资源中除煤炭和钾盐十分丰富外，其他矿物资源比较缺乏。森林覆盖率占国土面积的 1/3。

（三）居民

德国人口有 8 210 万，是欧洲国家中除俄罗斯外第二多的国家。人口密度 230 人/平方公里，是欧洲人口密度最高的国家之一。自第二次世界大战后，德国人口增长率长期处于低水平，造成德国人口老龄化日趋严重。人口中，90%是德意志人，少数民族有丹麦人、荷兰人、犹太人和索布人。外来移民有 600 万人之多，主要来自欧洲南部的国家和地区。德国人口的城市化高达 90%，多居住在中小城市。人口超过百万的大城市为柏林、汉堡、慕尼黑和科隆。

德国人勤劳、爱整洁，有“洁癖”的名声。待人接物讲究礼貌、为人诚实可靠并且十分好客。到德国人家做客，送鲜花是受欢迎的礼物。不过，送花必须是单数，不能送玫瑰花，也不能送葡萄酒。

德国人做事务实，时间观念极强。他们遵守契约，讲究信誉。上午 10 时前，下午 4 时后，不宜约会。德国商人不愿浪费时间，所以宜先熟悉问题，单刀直入。

和德国人交谈时应尽量说德语，或偕同译员同往。德国商人多半会说一些英语，但使用德语会令对方高兴。见面时应尽量以握手为礼，如果对方身份高，须得他先伸手。对方多半会为你穿、脱外套，不妨接受，再说声“谢谢”（Danke）。

啤酒是德国人最喜爱的饮料，他们的人均消费量为世界之最。每年 9 月最后一周至 10 月第一周在慕尼黑举行的啤酒节，是德国最隆重的也是最闻名的一个节日。

（四）经济发展

德国是第二次世界大战的发动者，最后成为战败国。第二次世界大战的结果不仅使德国不得不在废墟上重新发展经济，而且其整个国家被一分为二。出乎意料的是德国用了很短的时间不仅完成了经济的恢复，而且很快地再次成为世界的经济强国。在综合经济实力的排名上，德国一直保持世界第三位，并且在对外贸易的表现上更加突出，排名世界第二位。

1．工业

德国工业部门多、水平高、规模大，在欧洲国家中综合竞争力最强。工业生产值在国民经济中的比重接近 1/3，是欧洲主要国家中最高的。德国工业以重工业为主，化工、汽车、机械、电子和钢铁等为主要的支柱，占全部产值的 40%。工业外向型突出，主要产品的一半甚至一半以上供出口。

（1）能源工业。德国拥有十分丰富的煤炭资源，然而，对石油、天然气的大量消费，使得煤炭产量每年减少到2亿吨。德国的褐煤储量居世界第一，分布在莱比锡、哈勒和科特布斯等地；硬煤的开采条件十分优越，集中产于鲁尔和萨尔地区。石油和天然气主要依靠进口。仅石油每年就需要进口一亿吨，大部分来自中东地区和北海油田。为保证天然气的供应，德国投资修建了从俄罗斯的西伯利亚到德国的输气管道。

（2）钢铁工业。德国钢铁工业发展时间久、现代化程度高，是世界钢铁生产和出口大国。在世界钢铁生产出现新的格局后，德国钢铁工业的地位已有了明显下降。德国发展钢铁工业所需的焦炭十分丰富，但铁矿需要大量进口。钢铁生产集中于北莱因—威斯特法伦州的卢尔工业区。德国东部的钢铁生产分布在艾森胡腾施塔特、哈贝尔等。另外由于沿海地区方便的资源进口条件，汉堡、不来梅则成了新的钢铁中心。

（3）机械工业。机械工业是德国的第二大经济部门，也是最主要的出口部门。产品的 47%供出口。德国是世界最大的机械产品出口国。德国机械产品工艺先进、制作精良、质量可靠，在国际上享有很高的声誉。机械工业分布广，其中鲁尔地区是重型机械的主要产地。

（4）汽车工业。汽车工业是德国的第一大经济部门，产品的一半用于出口。德国是世界汽车第四大生产国和第二大出口国。德国是世界上最早开始生产汽车的国家。德国大众汽车股份公司、戴姆勒-奔驰公司和宝马汽车公司是世界知名汽车公司。它们产品的主要产地分别在沃尔夫斯堡、斯图加特和慕尼黑。

（5）电子电器工业。近些年来，电子电器工业一直是德国发展最快的部门，成为德国工业的四大支柱之一。在世界电子电器产值中排名美、日之后，居第三位。西门子公司是西欧最大的电子企业，总部位于慕尼黑，这里有德国硅谷之称。

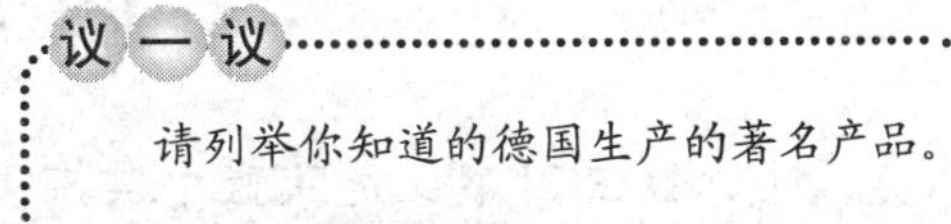

（6）化学工业。德国化学工业素有“德国经济稳定剂”之称，是德国工业的主要支柱。化学工业目前以石油化学为主，包括塑料、合成纤维和合成橡胶等，产值仅次于美、日，出口为世界第一。鲁尔区是德国最大的化工产地，其他化学工业中心有法兰克福、路德维希、汉堡和布来梅等地。

2．农业

德国拥有高度发达的农业，技术水平和集约程度高。经过第二次世界大战以后的发展，德国农业的自给率已达 75%，不过农产品的进口量远大于出口量。德国农业以畜牧业为主，占农业产值的 2/3，主要以养牛和养猪业为主。种植业以谷物为主，此外还有用于酿造葡萄酒和啤酒的葡萄和啤酒花的种植。

3．对外贸易

对外贸易是德国经济的主要支柱，其对外依存度达到 30%。德国在世界贸易中的地位十分突出，长期保持世界第二位，并且在出口方面曾数次超过美国成为出口最多的国家。其货物贸易一直呈现大幅度的贸易顺差。

德国出口商品的 80%为技术密集型商品，主要有汽车、化工、机械、电子电器和光

学仪器。此外，纺织、陶瓷、农产品的出口也有相当大的规模。在进口中，原料和燃料数量较大，是世界第三大原料进口国，主要进口石油天然气和各种矿物。目前，德国各类制成品和半制成品增加迅速，如各种轻纺用品特别是消费的产品增加很快。

德国是欧盟的第一大贸易国，而其贸易的50%以上都在欧盟内部进行，主要贸易伙伴有法国、荷兰、意大利和英国等。欧盟之外有美国、日本和中国。

德国是我国在欧盟的第一大贸易伙伴，我国对德国出口的主要商品有轻纺产品、医药、电子和化工产品等。从德国进口技术含量较高的产品有机械、精细化工、通信、电子产品和仪器仪表。德国企业比较重视对我国的技术输出，这对发展两国的贸易起了积极的作用。

> **练一练**
>
> 在图册上查一查莱茵河经过的国家。说说为什么称它为欧洲的“黄金水道”。

（五）交通运输

德国交通拥有铁路、公路、水运和航空发达的运输网。公路运输是最主要的方式，其中高速公路成为运输的骨干。铁路运输基本实现了电气化，此外高速铁路运输技术具有世界先进水平。德国的商船队的现代化程度为世界之最；内陆水运网十分稠密，莱茵河被称为欧洲的“黄金水道”。航空运输也很发达，汉莎航空公司是世界著名的航运企业，法兰克福是欧洲三大航空中心之一。

模块小结

英、法、德三国不仅是欧盟中具有重要作用的国家，同时也是世界上经济发达、对国际贸易有着重要影响的国家。英、法、德三国的经贸特征具有欧洲发达资本主义国家经贸特征的典型性。本模块重点介绍了英国、法国和德国的自然地理、人文地理和经济发展概况，不仅使学生对三个国家本身经济地理概况有所了解，同时也可以由此对欧洲发达国家有一个总括的了解。

课外活动建议

1．教师组织学生进行英、法、德三国重要城市和交通枢纽中英文填图练习。

2．学生分组对英、法、德三国的自然地理、人口、商务礼仪、经贸、交通和港口等方面进行专题介绍。

3．班内开展英、法、德三国知识竞赛或专题日活动。

综合练习

一、填空题

1．英国领土由____________和大不列颠岛及周围群岛组成。其中的大不列颠岛又可分为____________、____________和____________三部分，即所谓的“英伦三岛”，英国曾被称为“ ____________”，是最早开始现代工业的国家。

2．石油天然气的开采生产，带动了经济相对落后的______________地区的振兴，__________已经成为英国最大的石油工业基地。

3．法国的航空航天工业是法国的第三大经济部门，在世界上仅次于美国和俄罗斯位居第三位，许多闻名世界的航空航天产品，如_______________、_______________和______________均是由法国直接参与设计和建造的。航空航天工业具体分布于巴黎、波尔多、马赛和图卢兹等城市，其中____________被为誉法国的“航天城”。

4．德国位于欧洲中部，地处东西欧之间通道，又是南北欧间的重要桥梁，因而有“_____________”之称。

5．德国是世界上最早开始生产汽车的国家。汽车工业是德国的第一大经济部门，产品的一半用于出口。德国的___________汽车股份公司、戴姆勒-奔驰公司和宝马汽车公司是世界知名汽车公司。其产品的主要产地分别在沃尔夫斯堡、___________和___________。

二、思考题

1．简述英国经济的特点。

2．简述法国的对外贸易特点、进出口商品结构和贸易对象。

3．简述德国的交通运输状况。

模块十　东南亚地区和波斯湾地区概况

学习目标

1. 熟练掌握东南亚的地理位置和区域，并能够在空白填充图上准确填出所属国家。
2. 了解东南亚的经济特征及其在国际贸易中的作用。
3. 能快速地在地图上找到波斯湾，并准确填出海湾八国。
4. 初步掌握波斯湾地区在国际贸易中的地位、作用和经济特征。
5. 初步了解“东盟”和“石油输出国组织”的基本情况。

教学准备

1. 东南亚及波斯湾地区的教学 PPT。
2. 地图册（学生用）。
3. 东南亚及波斯湾地区的空白图。
4. 世界交通图。
5. 学时：4 学时。

学习导入

除了前面我们都已经熟悉的几个发达国家和地区以外，还有两个和我国是近邻，贸易往来非常密切的地区，而且这两个地区在国际市场上有着非常重要的地位。这两个地区就是东南亚地区和波斯湾地区，下面我们就来了解一下它们。

基础理论知识介绍

一、东南亚地区概况

（一）地理位置与领土

东南亚是指亚洲东南部，包括越南、老挝、柬埔寨、缅甸、泰国、马来西亚、新加坡、印度尼西亚、菲律宾、文莱和东帝汶等国家和地区。地理上包括中南半岛和南洋群岛两大部分，面积约 448 万平方公里。世界各国习惯于把越南、老挝、柬埔寨、泰国、缅甸五国称之为东南亚的“陆地国家”或“半岛国家”，而将马来西亚、新加坡、印度尼西亚、文莱、菲律宾五国称之为东南亚的“海洋国家”或“海岛国家”。

（二）自然条件与资源

中南半岛和马来群岛与中国大陆山水相连。中南半岛面积约 210 万平方公里，占东南亚总面积的 45%。地势北高南低，多山地、高原，山脉呈南北走向。马来群岛与中国大陆隔海相望，拥有 2 万多个岛屿。它东濒太平洋，西南临印度洋，北面是亚洲大陆，地跨赤道南北，气候是热带和亚热带气候类型，天气炎热，雨量充沛，自然资源丰富。东南亚是柠檬、黄麻、丁香、豆蔻、胡椒、香蕉、槟榔、木菠萝和马尼拉麻等热带栽培植物的原产地，盛产稻米、橡胶、香料、柚木、木棉、金鸡纳霜及热带水果。矿产资源主要有锡、石油、天然气、煤、镍、铝土矿、钨、铬和金等。

湄公河是东南亚重要的国际河流，源自中国境内澜沧江，流入中南半岛，经缅甸、老挝、泰国、柬埔寨和越南，注入南海。湄公河长 2 668 公里，其中约 1 200 公里为国界河，包括中缅、缅老和老泰各段界河，流域面积 63 万平方公里，年径流量 4 633 亿立方米，居东南亚首位。

（三）居民

东南亚各国都有自己悠久的历史，除新加坡外，均属发展中国家。东南亚地区人口约 5 亿，绝大多数为黄种人。东南亚各国都是多民族的国家，整个地区有 90 多个民族。东南亚地区又是世界上华侨、华人最多的地区，另有 200 多万印度人，100 多万其他国家的外来移民。

东南亚地区各国的宗教信仰不同。印度尼西亚、马来西亚和文莱信奉伊斯兰教，泰国、缅甸、越南、柬埔寨、老挝和新加坡多信奉佛教，菲律宾则是亚洲唯一信奉天主教的国家。

知识链接

东南亚国家联盟

东南亚国家联盟的前身是由马来西亚、菲律宾和泰国三国于 1961 年 7 月 31 日在曼谷成立的东南亚联盟。1967 年 8 月 7 日至 8 日，印度尼西亚、新加坡、泰国、菲律宾四国外长和马来西亚副总理在曼谷举行会议，发表了《东南亚国家联盟成立宣言》，即《曼谷宣言》，正式宣告东南亚国家联盟（简称东盟，Association of Southeast Asian Nations ——ASEAN）的成立。

东盟的宗旨是以平等和协作精神，共同努力促进本地区的经济增长、社会进步和文化发展；遵循正义、国家关系准则和《联合国宪章》，促进本地区的和平与稳定；同国际和地区组织进行紧密和互利的合作。

除印度尼西亚、马来西亚、菲律宾、新加坡和泰国五个创始成员国外，20 世纪 80 年代和 90 年代，文莱（1984 年）、越南（1995 年）、老挝（1997 年）、缅甸（1997 年）和柬埔寨（1999 年）五国先后加入东盟，使这一组织涵盖整个东南亚地区，形成一个人口超过 5 亿、面积达 450 万平方公里的十国集团。巴布亚新几内亚为其观察员国。

（四）经济发展

今天的东南亚是当今世界经济发展最有活力和最具潜力的地区之一。20 世纪 70 年代中期，东南亚经济就进入了高速增长阶段，重点发展面向出口的工业部门，尤其是

建立出口加工区或“自由贸易区”，进一步吸收外资，利用本国劳动力资源的优势，发展服装、鞋帽、玩具和电子电器等装配型或加工出口型工业部门，通过扩大对外贸易，使工业得到了较前一阶段更快的发展。特别是 20 世纪 80 年代以来，东南亚经济成为世界经济增长圈中的佼佼者。新加坡成为“亚洲四小龙”之一，马来西亚、印尼和菲律宾等国家的经济也高速发展。据亚洲开发银行的统计，从 2002 年～2006 年共五年的时间里，东南亚整个地区的年均经济增长率达到 5.5%。在未来新的世界政治、经济格局中，东南亚在政治、经济上的作用和战略地位将更加重要。但东南亚内部经济发展并不平衡，新加坡、文莱人均国民生产总值 2 万多美元，而老挝、柬埔寨人均国民生产总值才 200 美元。

东盟十国所在的东南亚，位于两大洋和两大洲的“十字路口”上，系世界海、空运输的枢纽地区，地理位置十分重要。从航运上来说，马六甲海峡距中国领海很近，是中国通往印度洋的重要通道。马六甲海峡作为沟通太平洋和印度洋、连接亚非欧的咽喉要道，是世界上商船往来最繁忙的海峡之一。

东南亚地理位置的重要性及其在国际贸易运输中发挥的作用。

东盟是中国的好邻居、好朋友、好伙伴。长期以来，中国和东盟在政治、经济和社会文化等领域的合作不断深化和拓展，在国际事务中一直相互支持、密切配合。2003 年，中国与东盟的关系发展到战略协作伙伴关系，中国成为第一个加入《东南亚友好合作条约》的非东盟国家。

我国与东盟的经贸交往情况。

（五）东盟成员国简介

1. 菲律宾

菲律宾位于亚洲东南部，西濒南中国海，东临太平洋，是一个群岛国家，共有大小岛屿 7 107 个。这些岛屿像一颗颗闪烁的明珠，星罗棋布地镶嵌在西太平洋的万顷碧波之中，菲律宾也因此拥有“西太平洋明珠”的美誉。菲律宾陆地面积 29.97 万平方公里，其中吕宋岛、棉兰老岛和萨马岛等 11 个主要岛屿占全国面积的 96%。菲律宾海岸线长达 18 533 公里，多天然良港。菲律宾属季风型热带雨林气候，高温多雨，植物资源十分丰富，热带植物多达万种，素有“花园岛国”的美称。其森林面积为 1 585 万公顷，覆盖率达 53%，产有乌木、檀木等名贵木材。

菲律宾共有人口 8 857 万（截至 2007 年 8 月），首都是马尼拉。菲律宾是一个多民族国家，马来族人占全国人口的 85%以上，少数民族和外国后裔有华人、印尼人、阿拉伯人、印度人、西班牙人和美国人，还有为数不多的原著民。菲律宾有 70 多种语言，国语是菲律宾语，英语为官方语言。国民约 84%信奉天主教。

菲律宾自然资源丰富，矿藏主要有铜、金、银、铁、铬和镍等 20 余种。巴拉望岛西北部海域石油储量约 3.5 亿桶。菲律宾的地热资源预计有 20.9 亿桶原油标准能源。水产资源也很丰富，鱼类品种达 2 400 多种，其中金枪鱼资源居世界前列。菲律宾的主要粮食作物是稻谷和玉米。椰子、甘蔗、马尼拉麻和烟草是菲律宾的四大经济作物。菲律宾实行

出口导向型经济模式，服务业、工业和农业产值分别占国内生产总值的47%、33%和20%。旅游业是菲外汇收入重要来源之一。

2．柬埔寨

柬埔寨国土面积18.10万平方公里，人口1 340万，首都为金边。柬埔寨是传统的农业国，主要农产品有稻谷、玉米、豆类和薯类。矿藏主要有金、磷酸盐、宝石和石油。主要进口商品为石油产品、香烟、白糖、纸张、建材、汽车、电器和日常用品等。

3．老挝

老挝国土面积23.68万平方公里，人口537.7万，首都为万象。老挝同样是以农业为主的国家，工业基础薄弱，包括锡、铅、钾、铜、铁、金、石膏、煤和盐等矿藏大部分等待开发。老挝林木资源丰富，森林面积约900万公顷，全国森林覆盖率约42%，盛产柚木、紫檀等名贵木材。

4．马来西亚

马来西亚国土面积33.02万平方公里，人口2 452.7万，首都为吉隆坡。马来西亚自然资源丰富，橡胶、棕榈油和胡椒的产量和出口量居世界前列。在对外贸易中主要出口电子电器产品、化工产品、液化天然气、原油和棕榈油等，主要进口机械运输设备、食品、烟草和燃料等。

5．缅甸

缅甸国土面积67.66万平方公里，人口5 200万，首都为仰光。缅甸自然条件优越，资源丰富，宝石和玉石在世界上享有盛誉，石油和天然气在内陆及沿海均有较大蕴藏量。目前，缅甸农业为国民经济的基础，占国民生产总值的60%。主要进口物资为工业原料、化工产品、机械设备、零配件、五金产品和消费品等。

6．泰国

泰国国土面积51.31万平方公里，人口6 310万，首都为曼谷，是东盟重要国家之一。泰国物产丰富，钾盐储量4 070万吨，居世界第一，锡储量约120万吨，占世界的12%。主要进口产品有电子和工业机械、集成电路、化学品、电脑配件、钢铁、珠宝和金属制品等。

7．文莱

文莱国土面积0.57万平方公里，人口34.08万，首都为斯里巴加湾市，是东盟最富裕的国家之一。文莱的石油和天然气生产和出口是国民经济的支柱，占国内生产总值的36%和出口总收入的95%。在对外贸易中，进口商品以机器和运输设备、工业品、食物以及药品为主。

8．新加坡

新加坡国土面积0.068万平方公里，人口332万，首都为新加坡。与文莱同为东盟最富裕国家的新加坡，是外贸驱动型经济，出口以电子、石油化工、金融、航运和服务业为主，是世界第三大炼油中心。主要进口物资为办公及数据处理机零件、原油和加工石油产品等。

9. 印度尼西亚

印度尼西亚国土面积 109.4 万平方公里，人口约 2.15 亿，首都为雅加达。印度尼西亚是东盟最大的经济体，农业和油气产业系传统支柱产业。主要进口产品有机械运输设备、化工产品、汽车及零配件、发电设备、钢铁、塑料及塑料制品和棉花等。目前四大进口来源国为日本、新加坡、韩国和美国。

10. 越南

越南国土面积约 33 万平方公里，人口近 8 000 万，首都为河内。越南矿产资源丰富，其中煤、铁和铝的储量较大。越南主要出口商品有原油、服装纺织品、水产品、鞋类、大米、电子和计算机，而进口产品以机械设备及零件、纺织原料、皮革、钢材、布匹和成品油为主。

二、波斯湾地区概况

（一）地理位置与领土

波斯湾位于阿拉伯半岛、伊朗高原及两河流域之间，是印度洋西北部半封闭的海湾，因此也简称海湾。波斯湾西北自阿拉伯河河口，东南到霍尔木兹海峡，长 970 公里，宽 56～338 公里，面积 24.1 万平方公里，平均深度 40 米，最大深度 104 米。波斯湾中岛屿众多，大部分是珊瑚岛。

自古以来，波斯湾就是连接中东和亚洲其他地区的重要通道，中国明代船队就曾远航到阿曼、巴林和波斯等地港口。中世纪阿拉伯商人活跃于阿拉伯半岛、西域、波斯湾、东非和北非等地之间，贸易频繁。特殊的地理位置，使得波斯湾地区成为外来势力争相角逐的焦点，一次次沦为殖民地，直到第二次世界大战后波斯湾各国才相继完全独立。

（二）自然条件与资源

海湾地区降水稀少，日照强烈，东西两岸又多为副热带干旱荒漠。这里水温很高，西北部水温为 16～32 摄氏度，东南部为 24～32 摄氏度，浅海区夏季水温高达 35.6 摄氏度，是世界上最热的海区之一。

波斯湾海底和周围陆上蕴藏了丰富的石油资源，其石油储藏量约占世界石油储藏量的 53%～58%，石油产量约占世界石油总产量的 1/3，石油输出量占世界石油总出口量的 60%，所产石油经霍尔木兹海峡——“石油海峡”运往世界各地，因此被誉为“世界石油宝库”。

（三）居民

波斯湾沿岸有沙特阿拉伯、伊朗、伊拉克、巴林、科威特、卡塔尔、阿曼和阿拉伯酋长国八个国家，被称为海湾国家或海湾地区。除伊朗人为波斯人外，其他国家的人大部分为阿拉伯人。这八个国家均使用阿拉伯语，信奉伊斯兰教。

在阿拉伯国家做生意，不可能通一个电话就可以谈妥一桩买卖。想推销某种货物而访问客户时，头两次见面是绝对不可以谈生意的，第三次见面才可以稍微提一下，再访问一两次后，方可进入商谈。也就是说，要先建立朋友关系，否则，不管条件有多成熟，他们也不会理睬你。在讲阿拉伯语的地区里，伊斯兰教控制着日常生活以及政治、经济等。所以从事商业活动之前，必须首先了解宗教。在伊斯兰教教规中，最重要的是礼拜、献金、绝食和朝圣四项，疏忽了这些，就会闹出麻烦来。

朝圣季节是生意最好做的时期。因为按他们的习惯，在前往麦加参拜时，都会购买家庭用品及衣服之类的商品。所以当地的商人就会赶在朝圣季节之前，办妥货物，一般以日用消费品为主。

（四）经济发展

海湾国家是典型的资源输出型发展中国家，均为“石油输出国组织”成员国。这些国家在经济上表现出对于原油的开采和输出的高度依赖，国民经济结构极其单一。石油生产是海湾各国财政收入的主要来源，甚至在对外贸易中的比重高达 90%～100%。由于担心一旦石油资源枯竭，“石油繁荣”就会消失，20 世纪 90 年代后海湾国家利用巨额的石油收入，通过与发达国家合作，引进先进技术，大力发展炼油工业和石化工业，多数国家已经成为基础石化产品的出口国。同时还积极发展多样化经济，建材、钢铁、机械和纺织等基础工业和农业逐步建立起来，非石油生产收入所占的比重已逐步提高到 9.4% 左右。

由于海湾国家石油的大量出口及原来经济基础较差，其对外贸易表现为数额大、增长快，有巨额的外贸顺差。海湾地区是世界三大贸易区之一，人均出口额居世界首位。海湾地区出口商品主要是原油及其初级制品，进口商品种类繁多，日常生活用品和生产资料大都依赖进口，年进口额高达 1 400 亿美元。另外，在海湾各国中，小商人多，关税低，转口贸易活跃。迪拜是中东最大的转口港。

知识链接

石油输出国组织

石油输出国组织（OPEC），是亚、非、拉石油生产国为反对国际石油垄断资本的控制和剥削，维护民族权益而组成的国际性组织，总部设在维也纳。长期以来，资本主义国家的石油生产、加工、运输和销售都被少数垄断集团所操纵，他们利用自己庞大的政治、经济实力，长期在世界范围内操纵、垄断石油供应，牟取惊人暴利，而留给亚、非、拉产油国的却是贫穷和落后。这一切理所当然地引起产油国人民的义愤，他们采取了种种方式同帝国主义和石油垄断财团进行斗争。但早期各产油国分别进行的斗争，由于力量分散，收效不大。1960 年 9 月伊拉克政府邀请沙特阿拉伯、伊朗、科威特和委内瑞拉四国代表，为对付西方石油公司企图再次降低石油标价，在巴格达举行会议。会议决定成立“石油输出国组织”，从此在石油领域内形成了一条统一战线。继上述五国之后，卡塔尔、印度尼西亚、利比亚、阿拉伯联合酋长国、阿尔及利亚、尼日利亚、加蓬和厄瓜多尔国陆续加入石油输出国组织。上述 13 个正式成员国已探明的石油储量约占世界总储量的 2/3，年产原油约是世界总产量的一半，原油年出口量约是世界的 4/5 以上，在世界石油供应中占据了举足轻重的地位。

波斯湾原油的出口以海运为主，波斯湾的腊斯塔努腊港、哈尔克岛港是世界最大的两个石油输出港，霍尔木兹海峡则成为世界著名的“石油海峡”。此外，波斯湾沿岸和湾内重要的港口还有阿巴丹港、布什尔港、巴士拉港、法奥港、科威特港、阿布扎比港和迪拜港等。

（五）海湾各国

1．沙特阿拉伯

沙特阿拉伯位于亚洲西南部的阿拉伯半岛，东濒波斯湾，西临红海，同约旦、伊拉克、科威特、阿联酋、阿曼和也门等国接壤。“沙特阿拉伯”一词在阿拉伯语中的意思是“幸福的沙漠”。沙特阿拉伯的地势西高东低，西部是希贾兹－阿西尔高原，其南段的希贾兹山脉，海拔 3 000 米以上。中部为纳季德高原，东部为平原。红海沿岸地区是宽约 70 公里的红海低地。沙漠约占全国面积的一半。无常年流水的河流、湖泊。西部高原属地中海式气候，其他广大地区属亚热带沙漠气候，炎热干燥。人口中外籍人口约占 30%，绝大部分为阿拉伯人。官方语言为阿拉伯语，通用英语，伊斯兰教为国教，逊尼派约占 85%，什叶派约占 15%。

议一议

我国与海湾地区的经贸交往情况。

沙特实行自由经济政策。它以“石油王国”著称，石油储量和产量均居世界之首，石油和石化工业是其经济命脉。沙特已探明的石油储量为 2 612 亿桶，占世界石油储量的 26%。沙特年产原油 4 亿至 5 亿吨，石化产品外销 70 多个国家和地区，石油收入占国家财政收入的 70%以上，石油出口占出口总额的 90%以上。

沙特的天然气储量也极为丰富，已探明的天然气储量为 6.75×10^{12} 立方米，居世界前列。此外，还有金、铜、铁、锡、铝和锌等矿藏，是世界第四大黄金市场。水力资源以地下水为主。沙特特别重视农业，全国有可耕地 3 200 万公顷，耕种面积 360 万公顷。在中东地区各国中，沙特的国内生产总值最高，在发展中国家里堪称高水平。

近年来，沙特大力推行经济多元化政策，努力发展采矿业、轻工业和农业等非石油产业，依赖石油的单一经济结构有所改观。沙特的进口产品主要是机械设备、食品和纺织品等消费品以及化工产品。沙特是高福利国家，实行免费医疗。货币名称是沙特里亚尔。

2．伊朗

伊朗位于亚洲西南部，北邻亚美尼亚、阿塞拜疆和土库曼斯坦，西与土耳其和伊拉克接壤，东与巴基斯坦和阿富汗相邻，南临波斯湾和阿曼湾。伊朗是高原国家，北部有厄尔布兹山脉，德马万德峰海拔 5 670 米，为伊朗最高峰。西部和西南部有扎格罗斯山脉，东部是干燥的盆地，形成许多沙漠。北部里海和南部波斯湾、阿曼湾沿岸一带为冲击平原。里海是世界最大的咸水湖，南岸属伊朗。伊朗东部和内地属大陆性的亚热带草原和沙漠气候，干燥少雨，寒暑变化大。西部山区多属地中海式气候。

伊朗是一个多民族的穆斯林国家，人口 6 970 万（2006 年 9 月），分属波斯、阿塞拜疆、库尔德、阿拉伯及土库曼等民族，其中波斯人占 66%，阿塞拜疆人占 25%，库尔德人占 5%，还有阿拉伯人及土库曼人等少数民族。官方语言为波斯语。伊斯兰教为国教，98.8%的居民信奉伊斯兰教，其中 91%为什叶派，7.8%为逊尼派。

伊朗的石油和天然气资源丰富。截至 2006 年年底，已探明石油储量 1 384 亿桶。已探明的天然气储量为 2.751×10^{13} 立方米，占世界总储量的 15.6%，仅次于俄罗斯，居世界第二位。石油是伊朗的经济命脉，石油收入占全部外汇收入的 85%以上，伊朗是欧佩克成员国中第二大石油输出国。森林是伊朗仅次于石油的第二大天然资源，面积达 1 270 万公顷。伊朗水产丰富，鱼子酱举世闻名。伊朗水果、干果十分丰富，开心果、苹果、葡萄和椰枣等远销海内外，是世界上最大的开心果出口国。具有五千多年历史的波斯地毯闻名全球，其精湛的工艺、美丽的图案、和谐的色彩搭配倾倒了无数文人墨客。今天，波斯地毯已成为伊朗享誉世界的传统大宗出口产品。其他工业有纺织、食品、建材、造纸、电力、化工、汽车、冶金、钢铁和机械制造业。农业比较落后，机械化程度较低。货币名称是里亚尔。

3. 伊拉克

伊拉克位于亚洲西南部，阿拉伯半岛东北部，北接土耳其，东邻伊朗，西毗叙利亚、约旦，南连沙特阿拉伯、科威特，东南濒波斯湾。海岸线长 60 公里。领海宽度为 12 海里。西南为阿拉伯高原的部分，向东部平原倾斜；东北部有库尔德山地，西部是沙漠地带，高原与山地间有占国土大部分的美索不达米亚平原，绝大部分海拔不足百米。幼发拉底河和底格里斯河自西北向东南贯穿全境，两河在库尔纳汇合为夏台阿拉伯河，注入波斯湾。东北部山区属地中海式气候，其他地区为热带沙漠气候。夏季最高气温高达 50 摄氏度以上，冬季在 0 摄氏度左右。雨量较小。

阿拉伯人约占伊拉克全国总人口的 73%，库尔德人约占 21%，其余为土耳其人、亚美尼亚人、亚述人、犹太人和伊朗人等。官方语言为阿拉伯语，北部库尔德地区的官方语言是库尔德语，东部地区有些部落讲波斯语，通用英语。伊拉克是一个伊斯兰国家，伊斯兰教为国教，全国 95%的人信奉伊斯兰教，其中什叶派穆斯林占 54.5%，逊尼派穆斯林占 40.5%。

伊拉克地理条件得天独厚，石油、天然气资源十分丰富，现已探明的石油储量达 1 125 亿桶，是仅次于沙特的世界第二大石油储藏国；伊拉克的天然气储量约为 3.1×10^{12} 立方米，占世界已探明总储量的 2.4%。磷酸盐储量约 100 亿吨。工业主要有石油开采、提炼和天然气开采。油气产业在国民经济中始终处于主导地位，为伊拉克支柱产业。目前，伊拉克原油日产量约 200 万桶，日出口量约 140 万桶。伊拉克 70%的天然气属于石油伴生气，主要产于北部基尔库克油田和南部鲁迈拉油田。伊拉克的可耕地面积占国土总面积的 27.6%，主要农作物有小麦、大麦和椰枣等，粮食不能自给。

伊拉克主要出口原油、天然气、椰枣和化肥等，进口各种生产资料、粮食等生活必需品。由于两伊战争、海湾战争以及国际社会对其实施全面制裁，伊拉克的石油设施遭到严重破坏，经济基础设施也基本陷于瘫痪。2003 年 3 月，美英以伊拉克拥有大规模杀伤性武器为由发动伊拉克战争，导致萨达姆政权垮台。

4. 巴林

巴林是位于波斯湾中部的岛国，面积 706.5 平方公里。巴林介于卡塔尔和沙特阿拉伯之间，距沙特阿拉伯东海岸 24 公里，距卡塔尔西海岸 28 公里。全国由巴林岛等 36 个大小不等的岛屿组成，最大的是巴林岛。诸岛地势低平，主岛地势由沿海向内地逐渐升高，最高点海拔 135 米，属热带沙漠气候。巴林人占人口总数的 66%，其他为印度人、巴勒斯坦人、孟加拉国人、伊朗人、菲律宾人和阿曼人。阿拉伯语为官方语言，通用英语。居民大多信奉伊斯兰教，其中什叶派占 75%。巴林是海湾地区最早开采石油的国家，

石油收入占国内生产总值的 1/6，占政府收入和公共支出的一半以上。

5．科威特

科威特位于亚洲西部波斯湾西北岸，西部、北部与伊拉克为邻，南部与沙特阿拉伯交界，东濒波斯湾。海岸线长 213 公里。东北部为冲积平原，其余为沙漠平原，一些丘陵穿插其间。地势西高东低。无常年有水的河流和湖泊。地下水资源丰富，但淡水极少。有布比延、法拉卡等 10 多个岛屿。热带沙漠气候，炎热干燥。人口中科威特籍人口 85 万，占总人数的 38%。外籍侨民 139 万，占 62%。外国侨民主要有巴勒斯坦人、埃及人，其余为印度人、伊朗人、巴基斯坦人和其他阿拉伯人。阿拉伯语为官方语言，通用英语。伊斯兰教为国教，居民中 95%信奉伊斯兰教，其中约 70%属逊尼派，30%为什叶派。

科威特石油和天然气储量丰富，已探明石油储量为 480 亿桶。天然气储量为 1.498 万亿立方米，占世界储量的 1.1%。石油是科威特财政收入的主要来源和国民经济的支柱。近年来，政府在重点发展石油、石化工业的同时，强调发展多种经济，减轻对石油的依赖程度，不断增加国外投资。工业以石油开采、冶炼和石油化工为主。科威特最大的油田是大布尔干油田，位于科威特东南部。大布尔干油田是世界最大的砂岩油田，也是仅次于加瓦尔油田的世界第二大油田。

近年来，政府重视开发农业，但农业产值在国内生产总值中的比例最高时只占 1.1%。科威特的农业以生产蔬菜为主，农牧业产品主要依靠进口。渔业资源丰富，盛产大虾、石斑鱼和黄花鱼。对外贸易在经济中占有重要地位。出口商品主要有石油、天然气和化工产品，石油出口占出口总额的 95%。进口商品有机械、运输设备、工业制品、粮食和食品等。

6．卡塔尔

卡塔尔位于波斯湾西南海岸的卡塔尔半岛上，南北长 160 公里，东西宽 55～58 公里。与沙特阿拉伯和阿拉伯联合酋长国相邻，北面隔波斯湾与科威特和伊拉克遥遥相望。全境多平原与沙漠，西部地势略高。属热带沙漠气候，炎热干燥，沿岸潮湿。四季不很明显。国土面积虽然仅有约 1.14 万平方公里，却有约 550 公里长的海岸线，战略位置相当重要。 人口中卡塔尔人占 40%，其他为外籍人，主要来自印度、巴基斯坦和东南亚国家。阿拉伯语为官方语言，通用英语。居民大多信奉伊斯兰教，多数属逊尼派的瓦哈比教派。

卡塔尔的经济以石油为主，所产石油 95%供出口，原油日产量为 80 万桶，是世界主要的石油输出国之一。原油产值占国内生产总值的 27%。政府重视发展多样化经济，以减少国民经济对石油的依赖。与石油相比，卡塔尔的天然气储量更丰富，达到 2.5×10^{13} 立方米，位居世界第三。

7．阿曼

阿曼位于阿拉伯半岛东南部，西北接阿拉伯联合酋长国，西连沙特阿拉伯，西南邻也门共和国，东北与东南濒临阿曼湾和阿拉伯海。海岸线长 1 700 公里。境内大部分国土是海拔 200～500 米的高原。东北部为哈贾尔山脉，中部是平原，多沙漠，西南部为佐法尔高原。除东北部山地外，均属热带沙漠气候。全年分两季，5 月至 10 月为热季，气

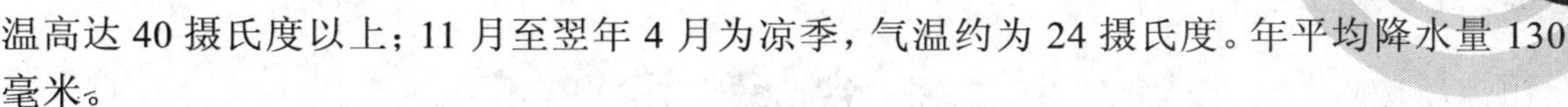

温高达 40 摄氏度以上；11 月至翌年 4 月为凉季，气温约为 24 摄氏度。年平均降水量 130 毫米。

阿曼人口中绝大多数是阿拉伯人，官方语言为阿拉伯语，通用英语。本国居民绝大多数信奉伊斯兰教，其中 90%属伊巴德教派。

阿曼现已探明的石油储量近 7.2 亿吨，天然气储量 9.458×10^{11} 立方米。煤储量约 3 600 万吨，金矿储量约 1 182 万吨，铜储量约 2 000 万吨，铬储量约 100 万吨，还有银及优质石灰石等。水产资源丰富。工业起步较晚，基础薄弱。目前仍以石油开采为主，油气田主要分布在西北部和南部的戈壁、沙漠地区。粮食作物以小麦、大麦、高粱为主，不能自给。渔业是阿曼的传统产业，是非石油产品出口收入的主要来源之一，自给有余。

8. 阿拉伯联合酋长国

阿拉伯联合酋长国位于阿拉伯半岛东部，北临波斯湾，西北与卡塔尔为邻，西和南与沙特阿拉伯交界，东和东北与阿曼毗连。境内除东北部有少量山地外，绝大部分是海拔 200 米以下的洼地和沙漠。属热带沙漠气候，炎热干燥。人口 410 万（2005 年）。阿拉伯人仅占 1/3，其他为外籍人。官方语言为阿拉伯语，通用英语，居民大多信奉伊斯兰教，多数属逊尼派，但在迪拜什叶派占多数。

阿拉伯联合酋长国石油和天然气资源非常丰富，已探明的储量均居世界第三位。国民经济以石油生产和石油化工工业为主。石油收入占政府财政收入的 85%以上。货币名称是迪尔汗。

波斯湾沿岸和湾内的重要港口，有阿巴丹港、哈尔克岛港、布什尔港、巴士拉港、法奥港、科威特港、阿布扎比港和迪拜港等。波斯湾的腊斯塔努腊港、哈尔克岛港是世界最大的两个石油输出港。

议一议

1. 海湾八国经济的共同特征是什么？
2. 世界上还有哪些国家或地区生产和出口石油？
3. 世界上哪些国家是石油进口大国？
4. 国际石油运输线有哪几条？

模块小结

东南亚地区和波斯湾地区是世界上两个经济非常活跃、发展非常迅速的地区，也是国际贸易中两个非常重要的地区。这两个地区不仅是重要的生产原料的输出地区，还是重要的制成品进口地区。同时，这两个地区也是我国重要的贸易区域。本模块较为详细地介绍了上述两个区域的自然地理概况、经济发展特征和资源特点。其中，资源特点和两个地区在国际贸易中的作用是本模块的重点内容。

课外活动建议

1. 组织学生进行东南亚地区和波斯湾沿岸国家中英文填图练习。
2. 学生分组对东南亚地区和波斯湾地区的地理位置、资源优势和经贸特征进行专题讨论或介绍。

综 合 练 习

一、填空题

1. 东盟十国所在的东南亚地区系世界海、空运输的枢纽地区，地理位置十分重要，从航运上来说，马六甲海峡是中国通往__________洋的重要通道。马六甲海峡作为沟通__________洋和__________洋、连接亚非欧的咽喉要道，是世界上商船往来最繁忙的海峡之一。

2. 西亚地处__________、__________和__________三大洲的交界处，位于__________海、__________海、__________海、__________海和__________海之间，被称为“五海三洲之地”。

3. 西亚西部的__________运河，沟通__________海与__________海，可以连接__________洋与__________洋，是重要的海上通道。

4. 西亚是世界上著名的石油宝库，主要的石油输出国有__________、__________、__________、__________、__________、__________、__________和__________。

5. 波斯湾原油的出口以海运为主，波斯湾的腊斯塔努腊港和__________港是世界最大的两个石油输出港。__________海峡被称为世界著名的“石油海峡”。

二、思考题

1. 东盟国家对外贸易的特点是什么？

2. 波斯湾地区石油输出的主要路线有哪些？

附　　录

附录 A　部分国际航空公司代码

中文名称	英文名称	二字代码	三字代码
港龙航空公司	Dragon Air	KA	KDA
大韩航空公司	Korean Air	KE	AKA
韩亚航空公司	Asiana Airways	OZ	AAR
日本航空公司	Japan Airlines	JL	JAL
全日空公司	All Nippon Airways	NH	ANA
新加坡航空公司	Singapore Airlines	SQ	SIA
泰国国际航空公司	Thai Airways International	TG	THA
美国西北航空公司	Northwest Airlines	NW	NWA
加拿大国际航空公司	Canadian Airlines International	CP	CND
美国联合航空公司	United Airlines	UA	UAL
英国航空公司	British Airways	BA	BAW
荷兰皇家航空公司	Klm Royal Dutch Airlines	KL	KLM
德国汉莎航空公司	Lufthansa German Airlines	LH	DLH
法国航空公司	Air France	AF	AFR
瑞士航空公司	Swissair	SR	SWR
奥地利航空公司	Austrian Airlines	OS	AUA
俄罗斯国际航空公司	Aeroflot Russian International	SU	AFL
澳洲航空公司	Qantas Airways	QF	QFA
芬兰航空公司	Finnair Airlines	AY	FIN
意大利航空公司	Italia Airlines	AZ	AZA
斯堪的纳维亚（北欧）航空公司	Scandinavian Airlines	SK	SAS
文莱皇家航空公司	Royal Brunei Airlines	BI	RBA
印度尼西亚鹰航空公司	Garuda Indonesia Airlines	GA	GIA
新加坡胜安航空公司	Singapore Silk Air	MI	MMP
马来西亚航空公司	Malaysian Airlines	MH	MAS

（续）

中文名称	英文名称	二字代码	三字代码
埃塞俄比亚航空公司	Ethiopian Airlines	ET	RTH
美国长青国际航空公司	Evergeen Interational Airlines	EZ	EIA
波兰航空公司	Lot-Polish Airlines	LO	LOT
罗马尼亚航空公司	Torom Romanian Air Transport	RO	ROT
哈萨克斯坦航空公司	Kazakhstan Airlines	K4	KXA
蒙古航空公司	Miat Mongolian Airlines	OM	MGL
巴基斯坦国际航空公司	Pakistan International Airlines	PK	PIA
菲利宾航空公司	Philippine Airlines	PR	PAL
尼泊尔王家航空公司	Royal Nepal Airlines	RA	RNA
伊朗航空公司	Iran Air-The Airlines Of Isamic	IR	IRA
日本航空系统株氏会航空公司	Japan Air System	JD	JAS
朝鲜航空公司	Air Koryo	JS	KOR
以色列航空公司	Ei Ai Israel Airlines	LY	ELY
澳门航空公司	Air Macau	NX	AMU

附录 B　国际主要机场代码一览表

国内主要城市机场三字代码

香港	HKG	香港国际机场
澳门	MFM	澳门国际机场
台北	TSA	台北松山机场
北京	PEK/BJS	北京首都国际机场
	NAY	北京南苑机场
上海	PVG	上海浦东国际机场
	SHA	上海虹桥国际机场
广州	CAN	广州白云国际机场
深圳	SZX	深圳宝安国际机场
南京	NKG	南京禄口国际机场
成都	CTU	成都双流国际机场
重庆	CKG	重庆江北国际机场
昆明	KMG	昆明巫家坝国际机场
杭州	HGH	杭州萧山国际机场
西安	XIY/SIA	西安咸阳国际机场
武汉	WUH	武汉天河国际机场

郑州	CGO	新郑国际机场
长春	CGQ	长春龙嘉国际机场
长沙	CSX	长沙黄花国际机场
太原	TYN	太原武宿机场
大连	DLC	大连周水子国际机场
福州	FOC	福州长乐国际机场
厦门	XMN	厦门高崎国际机场
海口	HAK	海口美兰国际机场
呼和浩特	HET	呼和浩特白塔国际机场
合肥	HFE	合肥骆岗国际机场
哈尔滨	HRB	哈尔滨太平国际机场
兰州	LHW	兰州中川机场
乌鲁木齐	URC	乌鲁木齐地窝堡国际机场

亚洲其他国家主要机场三字代码

日本

东京	NRT	成田国际机场
	HND	羽田机场
大阪	ITM	大阪伊丹国际机场
	KIX	大阪关西国际机场

韩国

首尔	ICN	仁川国际机场
釜山	PUS	釜山金海国际机场

新加坡

新加坡	SIN	新加坡樟宜国际机场

马来西亚

吉隆坡	KUL	吉隆坡国际机场

越南

胡志明市	SGN	胡志明市新山机场

泰国

曼谷	BKK	廊曼国际机场

印度

新德里	DEL	新德里国际机场

伊朗

德黑兰	THR	德黑兰梅赫拉巴德国际机场

沙特阿拉伯

利雅得	RUH	哈利德国王国际机场

阿联酋

阿布扎比	AUH	阿布扎比国际机场
迪拜	DXB	迪拜国际机场

卡塔尔

多哈	DOH	多哈国际机场

土耳其

安卡拉	ESB	安卡拉埃森博阿机场
伊斯坦布尔	IST	伊斯坦布尔国际机场

北美国家主要机场三字代码

加拿大

渥太华	YOW	渥太华国际机场
蒙特利尔	YUL	蒙特利尔多尔瓦国际机场
温哥华	YVR	温哥华国际机场
多伦多	YYZ	多伦多皮尔森国际机场

美国

华盛顿	IAD	杜勒斯国际机场
波士顿	BOS	波士顿洛根国际机场
芝加哥	ORD	芝加哥奥黑尔国际机场
纽约	JFK	肯尼迪国际机场
旧金山	SFO	三番市旧金山国际机场
洛杉矶	LAX	洛杉矶国际机场
迈阿密	MIA	迈阿密国际机场
亚特兰大	ATL	亚特兰大国际机场
哥伦比亚	CAE	哥伦比亚国际机场
克利夫兰	CLE	克利夫兰机场
夏洛特	CLT	夏洛特国际机场
丹佛	DEN	丹佛国际机场
达拉斯	DFW	达拉斯沃思堡机场
底特律	DTW	底特律都会机场
休斯敦	IAH	布什国际机场
奥兰多	MCO	奥兰多国际机场
孟菲斯	MEM	孟菲斯国际机场
西雅图	SEA	西雅图-塔科马国际机场

中南美洲国家主要机场三字代码

墨西哥

墨西哥城	MEX	墨西哥城机场

古巴

哈瓦那	HAV	哈瓦那-何塞马蒂机场

巴西

巴西利亚	BSB	巴西利亚国际机场
圣保罗	SAO	圣保罗国际机场
里约热内卢	RIO/GIG	里约热内卢国际机场

阿根廷

布宜诺斯艾利斯	EZE	埃塞萨国际机场

欧洲国家主要机场三字代码

英国

伦敦	LHR	伦敦希思罗机场
利物浦	LPL	利物浦雷侬国际机场
曼彻斯特	MAN	曼彻斯特机场

比利时

布鲁塞尔	BRU	布鲁塞尔国际机场

卢森堡

卢森堡	LUX	卢森堡国际机场

荷兰

阿姆斯特丹	AMS	阿姆斯特丹-史基浦机场
鹿特丹	RTM	鹿特丹机场

丹麦

哥本哈根	CPH	哥本哈根凯斯楚普机场

德国

柏林	TXL	泰格尔机场
慕尼黑	MUC	慕尼黑机场
不莱梅	BRE	不莱梅机场
法兰克福	FRA	法兰克福-莱茵-美因国际机场
斯图加特	STR	斯图加特机场
汉堡	HAM	汉堡国际机场

纽伦堡	NUE	纽伦堡机场
科隆	CGN	科隆机场
法国		
巴黎	CDG	戴高乐机场
马赛	MRS	马赛机场
里昂	LYS	里昂机场
瑞士		
伯尔尼	BRN	贝尔普伯尔尼机场
日内瓦	GVA	日内瓦国际机场
苏黎世	ZRH	苏黎世国际机场
巴塞尔	BSL	巴塞尔机场
西班牙		
马德里	MAD	马德里巴拉哈斯机场
巴塞罗那	BCN	巴塞罗那安普拉特机场
巴伦西亚	VLC	巴伦西亚机场
塞维利亚	SVQ	塞维利亚机场
葡萄牙		
里斯本	LIS	里斯本机场
波尔图	OPO	奥波多机场
意大利		
罗马	FCO	罗马菲乌米奇诺机场
米兰	MXP	米兰马尔蓬萨机场
威尼斯	VCE	威尼斯机场
佛罗伦萨	FLR	佛罗伦萨机场
都灵	TRN	都灵机场
希腊		
雅典	ATH	雅典国际机场
奥地利		
维也纳	VIE	维也纳施韦夏特机场
捷克		
布拉格	PRG	布拉格鲁济涅机场
芬兰		
赫尔辛基	HEL	赫尔辛基万塔机场
瑞典		
斯德哥尔摩	ARN	斯德哥尔摩阿兰达机场

挪威

奥斯陆	OSL	奥斯陆加勒穆恩机场

南斯拉夫

贝尔格莱德	BEG	贝尔格莱德机场

罗马尼亚

布加勒斯特	BUH	布加勒斯特机场

克罗地亚

萨格勒布	ZAG	萨格勒布机场

匈牙利

布达佩斯	BUD	布达佩斯费里海吉机场

波兰

华沙	WAW	华沙奥肯切机场

俄罗斯

莫斯科	SVO	谢列梅捷沃机场
	DME	多莫杰多沃机场

乌克兰

基辅	KBP	基辅机场
	IEV	基辅茹良尼机场

非洲国家主要机场三字代码

埃及

开罗	CAI	开罗国际机场

塞内加尔

达喀尔	DKR	达喀尔机场

南非

约翰内斯堡	JNB	约翰内斯堡国际机场

大洋洲国家主要机场三字代码

澳大利亚

堪培拉	CBR	堪培拉机场
墨尔本	MEL	墨尔本国际机场
悉尼	SYD	悉尼金斯福国际机场

新西兰

惠灵顿　　WLG　　惠灵顿机场

附录 C　世界主要港口代码及中英文名称

地区代码	地区中文名	港口代码	英文名	中文名	航线
AE	阿联酋	AEDUB	DUBAI	迪拜	波红
	阿根廷	ARBNA	BUENOS AIRES	布宜诺斯艾利斯	南非南美
	澳大利亚	AUMEL	MELBOURNE	墨尔本	澳新
		AUSYD	SYDNEY	悉尼	澳新
BD	孟加拉	BDCTG	CHITTAGONG	吉大港	东南亚
BE	比利时	BEANT	ANTWERPEN	安特卫普	欧洲
		BEBRU	BRUSSELS	布鲁塞尔	欧洲
BH	巴林	BHRAN	BAHRAIN	巴林	东南亚
BR	巴西	BRRDJ	RIO DE JANEIRO	里约热内卢	南非南美
		BRSAL	SALVADOR	萨尔瓦多	南非南美
		BRSTS	SANTOS	桑托斯	南非南美
CA	加拿大	CAMTL	MONTREAL	蒙特利尔	美加
		CATOR	TORONTO	多伦多	美加
		CAVCR	VANCOUVER	温哥华	美加
CN	中国	CNQIN	QINGDAO	中国青岛	远东
		CNQUA	QUANZHOU	中国泉州	远东
		CNHPU	HUANGPU	中国黄埔	远东
		CNLYG	LIANYUNGANG	中国连云港	远东
		CNSHA	SHANGHAI	中国上海	远东
CU	古巴	CUHAV	HAVANA	哈瓦那	中南美
		CUSGO	SAN TIAGO	圣地亚哥	中南美
DE	德国	DEBHN	BREMERHAVEN	不来梅港	欧洲
		DEBON	BONN	波恩	欧洲
		DEHAM	HAMBURG	汉堡	欧洲
DJ	吉布提	DJDJI	DJIBOUTI	吉布提	波红
DK	丹麦	DKCOP	KOBENHAVN	哥本哈根	欧洲
EG	埃及	EGALE	ALEXANDRIA	亚历山大	地中海
FI	芬兰	FIHEL	HELSINKI	赫尔辛基	欧洲
FR	法国	FRBOR	BORDEAUX	波尔多	欧洲
		FRCAL	CALAIS	加来	欧洲
		FRDKK	DUNKIRK	敦刻尔克	欧洲
		FRHAV	LE HAVRE	勒哈弗尔	欧洲
		FRMRS	MARSEILLES	马赛	地中海

（续）

地区代码	地区中文名	港口代码	英文名	中文名	航线
GB	英国	GBFEL	FELIXSTOWE	费利克斯托	欧洲
		GBHUL	HULL	赫尔	欧洲
		GBLIV	LIVERPOOL	利物浦	欧洲
		GBLON	LONDON	伦敦	欧洲
		GBMAN	MANCHESTER	曼彻斯特	欧洲
		GBPLY	PLYMOUTH	普利茅斯	欧洲
		GBSOU	SOUTHAMPTON	南安普顿	欧洲
		GBSWA	SWANSEA	斯旺西	欧洲
		GBTHA	THAMESPORT	泰晤士港	欧洲
HK	中国香港	HKHKG	HONGKONG	香港	香港
ID	印尼	IDJAK	JAKARTA	雅加达	东南亚
		IDTPR	TANJING PRIOK	丹戎不碌	东南亚
IN	印度	INBOM	BOMBAY	孟买	东南亚
		INCAL	CALCUTTA	加尔格答	东南亚
IQ	伊拉克	IQBAS	BASRAH	巴士拉	波红
IR	伊朗	IRBAB	BANDER ABBAS	阿巴丹	波红
	意大利	ITGOA	GENOA	热那亚	地中海
		ITLEG	LIVORNO	里窝那	地中海
		ITNAP	NAPLES	那不勒斯	地中海
		ITVEN	VENICE	威尼斯	地中海
JP	日本	JPCBA	CHIBA	千叶	日本
		JPKAW	KAWASAKI	川崎	日本
		JPKIT	KITAKYUSHU	北九州	日本
		JPKOB	KOBE	神户	日本
		JPNAG	NAGOYA	名古屋	日本
		JPNKI	NAGASAKI	长崎	日本
		JPOSK	OSAKA	大阪	日本
		JPTOK	TOKYO	东京	日本
		JPYOK	YOKOHAMA	横滨	日本
KE	肯尼亚	KEMOM	MOMBASA	蒙巴萨	东西非
KR	韩国	KRBUS	BUSAN	釜山	韩国
		KRINC	INCHON	仁川	韩国
		KRULS	ULSAN	蔚山	韩 国
KW	科威特	KWKUW	KUWAIT	科威特	波红
LK	斯里兰卡	LKCOL	COLOMBO	科伦坡	东南亚
MA	摩洛哥	MACAS	CASABLANCA	卡萨布兰卡	地中海
MO	中国澳门	MOMAC	MACAO	澳门	香港
MY	马来西亚	MYPEN	PENANG	槟城	东南亚
		MYPKE	PORT KELUNG	巴生港	东南亚

（续）

地区代码	地区中文名	港口代码	英文名	中文名	航线
NL	荷兰	NLAMS	AMSTERDAM	阿姆斯特丹	欧洲
		NLROT	ROTTERDAM	鹿特丹	欧洲
NZ	新西兰	NZAUC	AUCKLAND	奥克兰	澳新
		NZWEL	WELLINGTON	惠灵顿	澳新
PA	巴拿马	PACOL	COLON	科隆	中南美
		PAPAN	PANAMA CITY	巴拿马城	中南美
PK	巴基斯坦	PKKAR	KARACHI	卡拉奇	波红
PH	菲律宾	PHGSA	GENERAL SANTOS	桑托斯	东南亚
		PHMAN	MANILA	马尼拉	东南亚
PL	波兰	PLGDA	GDANSK	格但斯克	欧洲
PT	葡萄牙	PTLIS	LISBON	里斯本	欧洲
QA	卡塔尔	QADOH	DOHA	多哈	波红
RO	罗马尼亚	RUNAK	NAKHODKA	纳霍德卡	俄远东
RU	俄联邦	RUVLA	VLADIVOSTOK	海参崴	俄远东
		RUVOS	VOSTOCHNY	东方港	俄远东
		RUSPG	SANKT PETEBURG	圣彼德堡	欧洲
SA	沙特	SADAM	DAMMAM	达曼	波红
		SAJED	JEDDAH	吉达	波红
SD	苏丹	SDPSU	PORT SUDAN	苏丹港	东西非
SE	瑞典	SESTO	STOCKHOLM	斯德哥尔摩	欧洲
SG	新加坡	SGSGP	SINGAPORE	新加坡	东南亚
TR	土尔其	TRIST	ISTANBUL	伊斯坦布尔	地中海
TW	中国台湾	TWKEE	KEELUNG	基隆	台湾
		TWKAO	KAOHSIUNG	高雄	台湾
TZ	坦桑尼亚	TZDRS	DAR ES SALAAM	达累斯萨拉姆	东西非
UA	乌克兰	UAODE	ODESSA	敖德萨	地中海
US	美国	USLGB	LONG BEACH	长滩	美加
		USLSA	LOS ANGELES	洛杉矶	美加
		USOAK	AUCKLAND	奥克兰	美加
		USPTD	PORTLAND	波特兰	美加
		USSEA	SEATTLE	西雅图	美加
		USSFO	SAN FRANCISCO	旧金山	美加
		USBOS	BOSTON	波士顿	美东
		USMIA	MIAMI	迈阿密	美东
		USNYK	NEW YORK	纽约	美东
YE	也门	YEHOD	HUDAIDA	荷台达	波红
ZA	南非	ZACPT	CAPE TOWN	开普敦	南非南美
		ZADUR	DURBAN	德班	南非南美

参 考 文 献

[1] 刘念．物流地理[M]．北京：机械工业出版社，2006．

[2] 蔡德林．国际贸易运输地理[M]．北京：中国商务出版社，2006．

[3] 汪益兵．集装箱运输实务[M]．北京：机械工业出版社，2006．

[4] 中国国际货运代理协会．国际货运代理理论与实务[M]．北京：中国商务出版社，2007．

[5] 中国国际货运代理协会．国际多式联运与现代物流理论与实务[M]．北京：中国商务出版社，2005．

[6] 王学峰，陆琪，马修军．国际物流地理[M]．上海：上海交通大学出版社，2005．

[7] 裘克勤．入世与港口实务词典[M]．北京：中国海关出版社，2005．

[8] 杨长春．国际货物运输[M]．北京：对外经济贸易大学出版社，2005．

[9] 许明月，叶梅．国际陆空货物运输[M]．北京：对外经济贸易大学出版社，2003．

[10] 俞坤一．国际经济贸易地理[M]．北京：中国对外经济贸易出版社，2003．

[11] 李先维．国际贸易地理[M]．北京：对外经济贸易大学出版社，2005．

[12] 孟庆超，吕向生．国际贸易地理[M]．合肥：合肥工业大学出版社，2006．

[13] 竺仙如．国际贸易地理[M]．北京：中国商务出版社，2006．

[14] 新华网广西频道 http://www.gx.xinhuanet.com“东南亚简介”——东南亚地区形势，2007．

[15] 中国新闻网 http://www.chinanews.com.cn/中印贸易年增长逾五成 中方将扩大从印进口，2008．

[16] 中国国际海运网 http://www1.shippingchina.com 中外港口．

[17] 陵润物流网 http://www.link-run.com 亚洲航运．

[18] 锦程物流网 http://info.jctrans.com 国际机场代码．